名作ミステリで
学ぶ英文読解

JN019382

越前敏弥
Toshiya Echizen

ハヤカワ新書 001

目　次

第1章 『Ｙの悲劇』（1932年）
The Tragedy of Y
エラリイ・クイーン ………………………………………… 10

第2章 『エジプト十字架の秘密』（1932年）
The Egyptian Cross Mystery
エラリイ・クイーン ………………………………………… 48

第6章 『恐怖の谷』(1914年)
The Valley of Fear
コナン・ドイル ……… 200

本書の使い方

　この本では、海外の名作ミステリを原文で精読して英文読解力を鍛えることをめざします。扱う作品は、エラリイ・クイーン3作、アガサ・クリスティー2作、コナン・ドイル1作で、これらは多くの読者を魅了してきた世界ミステリ史に残る名作ばかりです。英検2級程度、大学受験程度の文法知識のある人なら、名作の味わい深い原文を隅々まで楽しみながら、ワンランク上の英文読解力を身につけることができます。

　6つの作品のそれぞれについて、まずあらすじと概略が載っています。そのあと、各作品につき6か所の英文に取り組んでもらいますが、このうち最後のひとつには作品の重大な真相、いわゆる「ネタバレ」が含まれています。その個所は作品を読了してから読んでください。

　それぞれの英文には、簡単な背景説明と語釈のあとに5問前後の質問を付してあります。その質問に答えながら、ゆっくりでかまわないので原文の意味を考えていってください。可能なら、頭のなかで訳文を作っていくといいでしょう。やさしく感じられても、訳してみると原文の半分も理解できていないことがわかった、などということはよくあります。

　文芸翻訳を勉強中の人や最上級の語学力をつけたい人には、最初の背景説明と原文だけを読んで、辞書調べやネット検索をしながら訳文を実際に作ることをお勧めします。かなり手強い難問もあるので、よく考えて取り組んでください。

　各訳文のあとには、作品や作者に関するエピソードや、

その個所の英語表現にまつわる豆知識などを「こぼれ話」として紹介しました。クイーンの作品では18の文章すべてのあとに、クリスティーとドイルの作品では偶数番目の文章のあとにあります。

　どの作品についても、訳文はわたしが作成したものを載せました。クイーン作品では、原則としてハヤカワ文庫と角川文庫のわたしの訳書から引用しましたが、説明の都合上、少し変更を加えた個所もあります。また、クリスティー作品とドイル作品では、これまでに出ている訳書と微妙に解釈が異なるところもありますが、翻訳においては、ある程度そのような相違が存在するのは当然であり、過去の訳書の解釈を否定するものではありません。あくまで、わたし個人の一意見として読んでいただければ幸いです。

　では、名作ミステリを味わいながら英文読解力を身につけるという、ちょっと欲張りな一石二鳥の体験をどうぞお楽しみください。

凡 例

Whatever I told Caroline now concerning the demise of
Mrs. Ferrars would be common knowledge all over the
village within the space of an hour and a half. As a
professional man, I naturally aim at discretion. Therefore
I have got into the habit of continually withholding all 5
information possible from my sister. She usually finds out
just the same, but I have the moral satisfaction of knowing
that I am in no way to blame.

　Mrs. Ferrars' husband died just over a year ago, and
Caroline has constantly asserted, without the least 10
foundation for the assertion, that his wife poisoned him.

　She scorns my invariable rejoinder that Mr. Ferrars
died of acute gastritis, helped on by habitual
overindulgence in alcoholic beverages. The symptoms of
gastritis and arsenical poisoning are not, I agree, unlike, 15
but Caroline bases her accusation on quite different lines.

　'You've only got to look at her,' I have heard her say.

1 demise　死亡
4 discretion　分別ある行動
7 just the same　(≒all the same) それでも、やはり
12 invariable　変わらない、一貫した
12 rejoinder　反論

❶ 例題の英文には5行おきに行数を表す数字を付した。

❷ 語釈の先頭にある数字は行数を表す。

9

第1章

『Yの悲劇』
（1932年）

The Tragedy of Y

あらすじ・概略

　ニューヨークの富豪一家の一員、ヨーク・ハッターの変死体が海で発見された。死因は毒物によるもので、ポケットには自殺する意図を記した遺書がはいっていた。

　ハッターの一家は奇人変人ぞろいで有名だった。老女傑とも呼ぶべき夫人エミリーを筆頭に、大酒飲みで荒くれ者の長男コンラッド、奇才の詩人である長女バーバラ、乱痴気騒ぎに興じる次女ジル、ハッター夫人が前の結婚でもうけた盲目で聾啞のルイーザ、一家の古い友人であるトリヴェット船長、コンラッドのわがまま放題の息子ジャッキーとビリーなどが同居していた。

　ヨークの死から数か月後、ルイーザの飲み物に大量の毒物が混入される事件が起こった。警察は殺人未遂と見なして捜査を開始したが、手がかりが得られず、引退した舞台俳優の名探偵ドルリー・レーンに協力を求めた。

　だが、さらに大きな惨劇がハッター家を襲う。エミリーが就寝中にマンドリンで殴打され、殺害されたのだ。同じ部屋で眠っていたルイーザが、犯人らしき人物の顔にふれていて、その頰はすべすべして柔らかく、バニラのようなにおいがしたという。

　犯人はハッターの一族に恨みを持つ者なのか。なぜマンドリンという、殺害には不向きな凶器が選ばれたのか。バニラのようなにおいの正体は何なのか。サム警視やブルーノ検事とともに謎の解明に挑んだレーンは、冷徹な観察眼と鋭敏な推理で驚愕の真相を突き止めていく。

　『Yの悲劇』は、作家エラリイ・クイーンがバーナビー・ロスという別名義で書いた2番目の作品で、前作『Xの悲劇』、続篇の『Zの悲劇』『レーン最後の事件』と

併せて「ドルリー・レーン四部作」と呼ばれる。クイーンは同時期に、みずからと同じ名前の名探偵エラリイ・クイーンを主人公とするシリーズも書いていて、しばらくバーナビー・ロスの正体を伏せていた。そのいきさつは、後年四部作がクイーン名義で再刊行されたときの序文（次ページの**1**はその一部）にくわしい。なお、本書の解説部分では、混乱を避けるために、通例に従って作者をクイーン、探偵をエラリイと呼んで区別する。

　悲劇四部作とも称されるこのシリーズの主人公ドルリー・レーンは、シェイクスピア劇の元名優であり、ニューヨーク郊外に建つハムレット荘で隠遁生活を送っている。聴力を失っているが、読唇術の達人なので対話には困らない。容貌は衰えを知らず、声にも張りがあり、60歳なのに40歳に見えるほどの頑健な肉体、そしてたぐいまれなる明晰な頭脳の持ち主だ。超人さながらのレーンではあるが、本作では、真相を突き止めたあとで、みずから激しく苦悩するさまが印象深い。

　『Yの悲劇』が刊行されてから90年以上経つが、現在でも本格ミステリ史上屈指の傑作として名高く、オールタイムベストの1冊としてあげる人も多い。精緻なプロット、怒濤の推理、そして「禁じ手」とも呼ぶべき（ふたつの）結末は、再読三読を誘う強烈な読書体験をもたらすにちがいない。

　序文の一部です（書かれたのは刊行当時ではなく、バーナビー・ロスの正体がエラリイ・クイーンであることを明かしたあとの1941年）。

　Since *Mr. Ellery Queen*, the detective, was written about by a mysterious pair of authors known collectively as Ellery Queen, and since the new series celebrated the exploits of a different detective altogether — *Mr. Drury Lane* — the two young men who hid behind the Ellery ₅ Queen pseudonym felt that they should create a new pair of authors, so to speak . . . which they promptly did, and they christened themselves (or himself) Barnaby Ross.

4 exploit　偉業

6 pseudonym　変名

8 christen　命名する

① 全体が長い1文ですが、この文の主節の主語と述語動詞はなんでしょうか。2組指摘してください。

② 2行目の collectively は、ここではどういう意味でしょうか。

③ 4行目の altogether は、ここではどういう意味でしょうか。

④ 7行目の so to speak はどういう意味で、どこにかかっているでしょうか。

⑤ 7行目の which の先行詞はなんでしょうか。

⑥ 8行目で、themselves (or himself) のように、括弧を

使って言い換えているのはなぜでしょうか。

《解答・解説》

① （1組目）the two young men と felt

　（2組目）they と christened

　全体の構造としては、since ではじまる従属節がふたつつづき（Since <u>Mr. Ellery Queen</u> ... <u>was written</u> about ...と since <u>the new series</u> <u>celebrated</u> ...)、主節がはじまるのは5行目の the two young men からです。who hid behind the Ellery Queen pseudonym は主語の説明で、本動詞はそのあとの felt。つづく that 節のなかで、ふたりの若者が感じたことの中身が述べられていて、which they promptly did でそれを補足したあと、また and が出てきて、あらためて they（＝the two young men）を主語とする文がはじまります。図解すると以下のようになります。

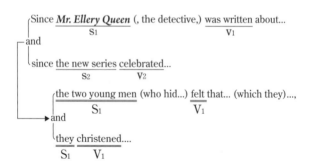

　大筋として、「ふたつの事情（すでに探偵エラリイ・クイーンが存在していたことと、新たにドルリー・レーンという別の探偵を作り出す予定だったこと）によって、

若者ふたりは新しい作家を生み出す必要を感じ、バーナビー・ロスという別の作家名を名乗った」という流れがつかめたでしょうか。

② ふたり合わせて

「集合的に」や「収集されて」ではわかりにくいですが、a pair of authors について言っているので、つまり「ふたり合わせて」ということです。

③ まったく

altogether は「全部合わせて」の意味になることもありますが、ここでは different を強調して「まったく異なる」と言っています。なお、not ... altogether の形では「まったく〜というわけでない」のような部分否定を意味します。

④ いわば　create a new pair of authors

so to speak は「いわば」「言ってみれば」という意味の決まり文句で、as it were とほぼ同義です。これは直前の a new pair of authors だけにかかっていると考えられなくもないのですが、「新しいふたり組の作家」だけでなく、作家を「作る」という言い方も珍しいので、その不自然さを和らげるために「いわば」と言っていると考えるべきです。

⑤ create a new pair of authors

関係代名詞が文の全体もしくは一部を先行詞とすることがあります。ここは「新しいふたり組の作家を作る必

要がある」と感じ、それをすぐさま did したのですから、did の具体的内容にあたる個所が先行詞です。

⑥ ふたり組ともひとりとも呼べるから

　ふたり組の作家であることに注目すれば複数、バーナビー・ロスというひとりの作家であることに注目すれば単数だと言えるので、このように併記する形をとっています。苦しまぎれの処理とも言えますが、作者はわざとまわりくどい書き方をして読者を煙に巻き、楽しんでいるのかもしれません。

《訳例》

　探偵エラリイ・クイーン氏の登場する作品は、エラリイ・クイーンとして知られる謎めいたふたり組の著者によって書かれていたが、新しい連作はまったく別の探偵——ドルリー・レーン氏——の活躍を讃えるものだったため、エラリイ・クイーンという筆名の陰に隠れたふたりの若者は、言ってみれば新たなふたり組の作家を創出する必要を感じ……そしてただちにそれを実行して、自分（たち）自身をバーナビー・ロスと命名した。

作家エラリイ・クイーンは、フレデリック・ダネイ（1905〜1982）とマンフレッド・リー（1905〜1971）の共同ペンネームです。ふたりはともにユダヤ系の従兄弟同士でした。20代の前半に、出版社が主催する長篇ミステリコンテストに合作で応募したところ、いったん受賞が内定したあとで取り消されるという不運があったものの、のちに『ローマ帽子の秘密』として刊行されました。

その後、探偵エラリイの活躍を同名の作者が記す設定の作品（初期作品は日本では「国名シリーズ」と呼ばれる）を書きつづける一方で、覆面作家バーナビー・ロスとして、聴覚を失った元シェイクスピア俳優ドルリー・レーンを探偵役とする「レーン四部作」も発表します。

ダネイとリーは、いわば「二人二役」としてエラリイ・クイーンとバーナビー・ロスを演じ、両方の名義で世界ミステリ史上に残る傑作を連発しました。あるとき、ふたりは講演会でどちらも覆面をかぶって登場し、互いに相手を激しく批判するパフォーマンスをおこなったと言われています。クイーンとロスが同一人物だったことが明かされたのは1940年で、これもまたミステリ史上に残る大事件だったと言えるでしょう。

1の文章は、正体判明後に出た新版の序文の一部です。この個所のあとには、「以上の説明がわかりにくいとしたら、それは英語ということばが複数の人間のからんだややこしい話を説明するのに適していないからである」という文がつづきます。そんなふうに人を食った書き方をするのも、いかにもクイーンらしいです。

ドルリー・レーン氏がいっしょに捜査を進めるサム警
視の風貌や人柄が書かれています。

Inspector Thumm of the New York Police Department, Homicide Squad, was fitting chaplain to York Hatter's rude funerary rites. He was big and ugly in everything: a hard gargoyle face, broken nose, smashed ears, big hands and feet on a big body. You would have supposed 5 he was an old-time heavyweight prize-fighter; his knuckles were gnarled and broken from solid blows on crime. His head was gray and red: gray hair, slate eyes, sandstone face. He gave you the feeling of substance and dependability. He had a brain in his head. He was, as 10 policemen go, forthright and honest. He had grown old in an all but hopeless fight.

2 homicide　殺人

2 squad　課、班

2 chaplain　（礼拝堂の）司祭

3 funerary rites　葬式

4 gargoyle　醜い顔の怪物

6 prize-fighter　ボクサー

7 gnarled　ねじれた、ごつごつした

8 slate　スレート、粘板岩

11 forthright　まっすぐな

12 all but　ほとんど～も同然の

① 2行目の fitting chaplain に冠詞がついていないのはなぜでしょうか。

② 3行目のコロン（:）はどんな働きをしていますか。

③ 5行目の You would have supposed は仮定法過去完了の形ですが、どんな仮定の意味がこめられているでしょうか。

④ 6行目のセミコロン（;）はどんな働きをしていますか。

⑤ 8行目の His head was gray and red: gray hair, slate eyes, sandstone face. を日本語にしてください。

⑥ 10行目の He had a brain in his head. を日本語にしてください。

⑦ 10行目の He was, as policemen go, forthright and honest. を日本語にしてください。

《解答・解説》

① 役職や身分を示す語だから

　一般に、役職や身分を示す語が補語（C）の位置に来た場合、冠詞はつきません。最もよく知られているのは We elected him chairman. のような SVOC 構文の例でしょうが、この文のような SVC の形でもつかないのがふつうです。

② コロンの前に書かれていることを具体的に説明する。

　コロンの役割はいくつかありますが、最もよく見られるのが「前述部分についての詳述、付加、要約、関連的説明」（ランダムハウス英和大辞典）です。ここでは、big and ugly in everything の具体例として、a hard gargoyle face、broken nose、smashed ears、big hands and feet on a big body の4つをあげています。

これと同じ用法のコロンが8行目にもあります。

③ **もしもあなた（読者）がこの人物を見かけたら**

　もし仮定の意味合いを明示して英語で言うなら、その部分は if you had seen him などです。この You は特定の人物を指しているのではなく、読者一般、あるいは世の中の人々全体を想定しているので、訳出にあたっては、主語を示さないほうが自然な日本語になります。

④ **前述部分の「判断の根拠」を示している。ただし、単に情報が追加されていると見なすこともできる。**

　セミコロンは、ピリオド（.）より小さく、カンマ（,）より大きな切れ目を表すときに用いる記号です。そこには and や because などの接続詞の意味合いが含まれることもあります。

　ここでは、サムを元プロボクサーと見まちがえる根拠として、こぶしが変形していることなどがあげられていると考えるのが妥当で、等位接続詞 for（〜というのも）の役割に近いと言えますが、単に情報が並べられている（and に近い役割）ととれなくもありません（訳例では後者に近い処理をしています）。

　そもそも、意味をはっきりさせたければ、and や because を使えばよいわけで、そうしていない以上は多少の曖昧さが付きまとうのが当然です。これは分詞構文やカンマつきの関係代名詞などについても言えることです。

⑤ 頭と顔では、灰色と赤が幅をきかせている。白いものの交じった髪、粘板岩の色の目、赤色砂岩を思わせる顔。

　ここは重要なところなので、くわしく説明します。

　まず、head ということばの正確な意味は、日本語の「頭」（額から上）ではなく、「頭部」（首から上）です。ここでは、わかりやすくするために「頭と顔」と訳しました。

　head（首から上）が gray and red だということは、「白髪と赤毛」ではなく、大ざっぱに言うと「白髪と赤ら顔」を指しています。そんなことを踏まえて、ここは「頭と顔では、灰色と赤が幅をきかせている」と訳しました。

　そのあとにコロンがありますが、これは②と同じく、その前の部分の具体的な説明があとに並ぶことを示しています。そこに3つ並んだもののうち、gray hair と slate eyes は明らかに灰色を表していますから、残る sandstone face が赤に対応するはずです。

　さて、ここで sandstone を画像検索すると、黄色に近い茶色のものや赤茶色のものなど、いろいろな色調があるのがわかります。これを単に「砂岩」と訳すと、ほとんどの読者は黄色っぽい茶色や灰色に近いものを想像するので、「灰色と赤が幅をきかせている」ことになりません。そこで、訳例ではここを「赤色砂岩」と訳して整合性を保つようにしました。

⑥ （彼は）頭脳も持ち合わせていた。

「頭がよかった」「頭が切れた」などと訳す人が多いのですが、あまりよい訳ではありません。ここまでのところで、サム警視をひとことで評すれば「肉体派」です。そのあとで He had a brain in his head. と言っているのは、文字どおり訳せば「頭蓋骨のなかには脳みそがある」ということで、これは「頭がいい」のではなく「頭が空っぽというわけではない」「頭が悪いわけではない」というニュアンスがこめられています。ほんとうに頭がいい人のことをこんなふうに言い表すとは考えにくいです。

実際に『Yの悲劇』やその前の『Xの悲劇』などを読んだ人ならおわかりでしょうが、サム警視はあれこれ推理してもことごとくレーンに覆されますから、けっして頭がいいとは言えませんね。

⑦（彼は）**警察官としては一本気で実直な部類に属する。**

as policemen go のところがポイントで、半分ぐらいの人が「多くの警察官と同じように」や「警察官なので」と訳しますが、これは意味が逆です。

as ... go は「～並みから言えば」「～の平均的な基準と比べれば」という意味の決まり文句で、あいだにはいるのはたいがい複数の名詞です。ここでは、警察官の標準と比べて forthright and honest と言っているので、逆に言えば、警察官はあまり forthright and honest ではな・いという考えが前提としてあることになります。

これについては、海外ミステリを多く読み慣れている人なら、as ... go という成句を知らなかったとしても、直感的に正しく読んだかもしれません。ミステリには悪徳警察官やたやすく買収される警察官が山ほど出てきま

すから、そう読むほうがむしろ自然です。

《訳例》

　ニューヨーク市警殺人課のサム警視は、ヨーク・ハッターの手荒な葬送の儀式には似合いの司祭役だった。体はどこもかしこも大きく醜い。怪獣像（ガーゴイル）のようないかめしい顔、ひしゃげた鼻、つぶれた耳、大きな胴に大きな手と足。かつてヘビー級のプロボクサーだったのではないかと見まがう風貌で、犯罪現場での数々の激闘から、こぶしは節くれ立って変形していた。頭と顔では、灰色と赤が幅をきかせている。白いものの交じった髪、粘板岩の色の目、赤色砂岩を思わせる顔。質実剛健という印象を周囲に与え、頭脳も持ち合わせていた。警察官としては一本気で実直な部類に属する。そして、ほとんど望みのない戦いのうちに歳を重ねてきた。

　無骨で頑固者のサム警視は、『Ｘの悲劇』のころには自分なりに奮闘して推理を繰りひろげ、レーンへの対抗心をあらわにしますが、やがて自分がまったくかなう相手ではないと悟り、レーンの話に真摯に耳を傾けるようになります。愛すべきキャラクターであり、サムのファンだと公言する人も少なくありません。

　サムの綴りはSamだと思っていた人が多いでしょうが、正しくはThummであり、これは苗字です。実は、『Ｘの悲劇』には、これとは別にSamという人物が出てきます。翻訳ではどちらも「サム」だと読者が混乱しかねないので、どうしたものかと迷いましたが、登場する場面は短く、運のいいことにサム警視と同時には現れなかったので、文脈上不要なところでは訳出せずに抜くなどして、そちらの「サム」をできるかぎり目立たせないようにしました。これから読む人は、どの場面に出てくるか、さがしてみてください。

　サムは『Ｘ』『Ｙ』には警視として登場しますが、その10年後の話である『Ｚの悲劇』では私立探偵となっています。老いたサムのかわりに『Ｚ』で大活躍するのはその娘ペイシェンスで、作品全体の語り手でもあります。ペイシェンスはレーンの助手として活躍するようになり、『最後の事件』でも重要な役割を果たします。

　そんなこともあって、レーン四部作は全体がみごとな起承転結をなすひとつの超大作だとも言えるので、全作未読のかたはぜひ刊行順に読んでください。

失踪したヨーク・ハッターの家族についての描写です。
Square はハッター家のある Washington Square のこと
です。

　　The Mad Hatters. . . . Years before, during a period
unusually full of Hatter news, an imaginative reporter,
recalling his *Alice in Wonderland*, had so christened them.
It was perhaps an unfortunate hyperbole. They were not
one half so mad as the immortal Hatter, nor one 5
quintillionth so delightful. They were — as their
neighbors on the fading Square were prone to whisper —
"nasty people." And, although they were one of the
Square's oldest families, they never achieved the air of
altogether belonging; always they were just an inch 10
outside the pale of Greenwich Village's respectables.

4 hyperbole　誇張表現

6 quintillion　百京、10の18乗

7 be prone to　〜しがちだ

11 pale　輪

11 Greenwich Village　ニューヨーク市マンハッタン区南部の一帯。
Washington Square はその中心。

11 respectables　上流階級

① 1行目の The Mad Hatters にはふたつの意味がありま
す。何と何でしょうか。
② その The Mad Hatters のあとの「. . . .」は、なぜ

「．」が4つ並んでいるのでしょうか。

③ 3行目の *Alice in Wonderland* の前の his にはどんなニュアンスがあるでしょうか。

④ 5行目の immortal は、ここではどう訳すといいでしょうか。

⑤ 10行目の always they were just an inch outside the pale of Greenwich Village's respectables を日本語にしてください。

《解答・解説》

① 「頭のおかしなハッター家」と「いかれた帽子屋」

　　奇人・変人だらけのハッター家のことを、ある想像力豊かな記者（an imaginative reporter）が、『不思議の国のアリス』に登場する有名なキャラクターである「いかれた帽子屋（the mad hatter）」になぞらえて、一家をそのように命名した（so christened them）、というのが3行目までの大筋です。訳例ではルビをつける形で処理しましたが、つけずに「いかれたハッター家」と訳す手もあるでしょう。

② 文末なので、通常の「．．．」のあとにピリオドを打っているから

　　英文を読んでいて、「．」が3つのときと4つのときがありますが、これは書き手が気まぐれにそうしているのではなく、文末にあるときは最後にピリオドを打つから4つ並んでいるのです。ここでは、つぎの Years が大文字ではじまっていますから、文末なのは明らかです。

　　一方、たとえば**1**の英文（13ページ）の7行目には

「...」がありますが、ここはあとに which が来て、文がつづいているので、3つだけ並んでいます。

ただし、どちらの場合も「...」にしてしまう作家も少なくありません。その場合は、直後に来る単語が大文字ではじまっているかどうかで、文中か文末かを見分ける必要があります（直後に来るのが固有名詞の場合は、どちらの場合も大文字ではじまりますから、文脈で判別するしかありません）。

訳出する場合は、文の途中なら「……」、文末なら「……。」と訳し分けるのが原則です。

③「愛着がある」など

翻訳のクラス生に訳してもらうと、この his を無視する人がほとんどですが、単に *Alice in Wonderland* と言っているのではなく、わざわざ所有格をつけているのですから、この記者にとって大切な作品、愛着のある作品だと推測できます。訳例では「懐かしい」としましたが、「大好きな」「愛読書の」などでもいいと思います。

④（永遠）不滅の

immortal は「死なない」という意味なので、「不死身の」という訳語を思いついた人もいるでしょうが、『不思議の国のアリス』の帽子屋は不死身というわけではありません。ここは帽子屋とハッター家の面々を比較して、後者のつまらなさを強調しているのですから、帽子屋が人々の記憶に鮮明に残る強烈なキャラクターであること、つまり文学史上不滅の登場人物であることを示していると思います。もちろん、ちょっと揶揄したよう

な大げさな言い方です。

『不思議の国のアリス』のなかで帽子屋が登場するのは、有名な「お茶会」の場面であり、それは永遠につづくとされているので、immortal はそのことを指しているのではないかと考えた人もいるかもしれませんが、その要素はハッター家の面々との対比には結びつかないので、あまり説得力がありません。

⑤ どんなときも、グリニッチ・ヴィレッジの上流階級の輪から一インチはずれていた

「少しずれていた」などとしても意味は同じですが、せっかく「一インチ」という気のきいたたとえを使っているのですから、訳文にもそのまま入れたいところです。「数センチ」にするかどうかは好みによります。

《訳例》

　いかれた帽子屋《マッド・ハッター》……。何年も前、ハッター家にまつわる報道が紙面を騒がせていた時期に、ある想像力豊かな記者が懐かしい『不思議の国のアリス』を思い起こして、一家をそんなふうに命名した。それは理不尽な誇張だったかもしれない。異常さにかけてはあの永遠不滅の帽子屋《ハッター》の半分もなく、愛嬌は億兆分の一も具えていなかったのだから。この一家は、さびれつつあるワシントン・スクエアの住人たちがささやき交わすところでは、"感じの悪い人たち"だった。そして、その界隈で有数の旧家であるにもかかわらず、周囲にすっかりなじむということがなかった。どんなときも、グリニッチ・ヴィレッジの上流階級の輪から一インチはずれていた。

『Yの悲劇』は、海外ミステリのオールタイムベスト投票などがあると、たいがい1位か2位に選ばれる人気作品です。その理由は、もちろん推理の鮮やかさや真相の意外さなどが大きいのですが、「上流階級が登場する館もの」であるところが日本のファンに受けやすい、というのもあるでしょう。レーン四部作や探偵エラリイの登場する作品は大都会を舞台としたものが多く、そういった趣向はあまり見られません。

　人気があるもうひとつの理由としては、全篇に漂う憂いに満ちた雰囲気があると思います。明かされる真相やその底流にあるものの重みと深みは、謎解きパズルを主眼としたクイーンの初期作品のなかではちょっとした異彩を放っている気がしてなりません（もちろん、謎解きパズルとしても超一流なのですが）。この作品をクイーンが20代の前半に書いたということが、わたしはいまも信じられません。ずっしりと重く、立ちあがれなくなるほどの苦い読後感は、中期の問題作『十日間の不思議』に匹敵するのではないでしょうか。

　個性の強い老女を要とした変人一家ということで言えば、『Yの悲劇』は中期（初期の最後とも言えます）の作品『靴に棲む老婆』との共通点が非常に多いです。変人の人物造形では後者がバージョンアップした感もあり、奇抜な設定やアクロバティックな推理も含めて、そちらもとても人気が高い作品です。

　ハッター夫人が邸内で殺されたあと、犯行時にすぐそばにいた娘ルイーザ（三重苦の女性）が警察に伝えたいことがあるらしく、レーン、サム警視、ブルーノ地方検事の3人がルイーザの部屋へ向かっているところです。

On the way upstairs to Louisa Campion's bedroom, District Attorney Bruno muttered: "What the devil can she have to tell us?"

The Inspector grunted. "Some queer notion, I suppose. After all, she's a lousy witness. What a case! A murder 5 with a live witness, by God, and she has to be deaf-dumb -and-blind. Might's well have been dead last night for all the good her testimony will do."

"I shouldn't be so positive about that, Inspector," murmured Lane, trotting up the stairs. "Miss Campion 10 isn't a total loss. There are *five* senses, you know."

2 mutter　ぶつぶつ言う

2 What the devil ...?　いったい全体（What the hell などと同じ）

4 grunt　うなる

5 lousy　役に立たない

7 Might's well ＝ Might as well

10 trot　早足で進む

① 3行目の have to と6行目の has to は同じ意味でしょうか。ちがうとしたら、どう異なるのでしょうか。
② 4行目の Some queer notion について、サム警視はな

ぜ queer（ばかげている）と言ったのでしょうか。

③ 5行目の After all はどういう意味でしょうか。

④ 7行目の Might's well have been dead last night for all the good her testimony will do. を日本語にしてください。

⑤ 11行目の *five* はなぜイタリック体になっているのでしょうか。

《解答・解説》

① 3行目は助動詞ではなく、動詞 have のあとに偶然 to 不定詞がつづいた形。6行目は助動詞で、やむをえない状況を表している。

3行目の have to は「〜しなければならない」ではありません。この文のもとにあるのは She can have <u>something</u> to tell us. という形ですが、それが疑問文になって something が前へ出て What に変わり、強調の決まり文句の the devil が挿入された形が、本文の What the devil can she have to tell us? です。つまり、これは助動詞の have to ではなく、たまたま have と to が並んでそう見えているだけなのです。

このようなケースを専門的には「擬態」と呼ぶそうですが、わたしは「なんちゃって have to」と言っています。

一方、6行目の has to はまちがいなく助動詞ですが、「〜しなければならない」と訳すとちょっと違和感があります。have to は must よりも、規則などの外的要因による状態を表すので、「〜せざるをえない」「やむをえず〜」という訳があてはまることが多いです。ここでは、せっかく犯行現場に生き証人がいたのに、よりによって

その証人が deaf-dumb-and-blind であるというきびしい
状況（外的要因）に言及しているので、has to を使った
と考えられます。

② 三重苦の女性がまともな証言などできるはずがない
と思いこんでいるから

　ルイーザはハッター夫人が殺害されたときにすぐ横に
いたのですから、ふつうなら決定的な証人になるはずで
すが、見る、聞く、話すのどれもできないので、そのと
きの状況を説明するのはむずかしいです。それなのに、
何かを伝えたいと言っているというのですから、サムは
どうせろくなことではない、ばかげている、と切り捨て
ました。これに対し、みずからも聴覚を失っているレー
ンが、すぐあとで穏やかに反論します。

③ なんと言っても〜だから

　after all を機械的に「結局」と訳す人が多いのですが、
「結局」では前の文とのつながりがよくわかりません。
文頭に置かれる after all の多くは、この例のように、前
の文の根拠や補足説明があとにつづく目印となります。
ここでは、queer notion である根拠が she's a lousy
witness だと言っているので、「なんと言っても」のほ
か、「しょせん」「というのも」「やはり」などの訳も
あてはまります。

　つねに「結局」と訳す人は、一度くわしい辞書で
after all を調べてみてください。

④ 証言の重み（がないこと）を考えたら、ゆうべの場

合、死んでいたとしても大差ないですよ。

　might as well ... は決まり文句で、意味は「〜するようなものだ」「〜したほうがましだ」など。この文は主語の she が省略されています。

　後半の for all も決まり文句で、訳語は「〜にもかかわらず」など。with all でもほぼ同じ意味です。ここは do good（役に立つ）の good が前に出て、「彼女の証言はなんの役にも立たないのだから」という主旨になっています。

⑤ 3つだけではなく、5つあることを強調するため

　多くの場合、イタリック体は強調を表します。ここでは、3つの感覚が失われたルイーザのことをサムが役立たず呼ばわりしたのに対し、人間の感覚は5つあるのだから、あとふたつを忘れてはいけない、とレーンが釘を刺しています。

《訳例》

　ルイーザ・キャンピオンの寝室へと階段をのぼりながら、ブルーノ地方検事がつぶやいた。「いったいなんの話だろう」

　サムがそっけなく言った。「とるに足りないことでしょうよ。しょせん、あてにできない証人ですからね。まったく、とんでもない事件だ！　殺人の生き証人がせっかくいるのに、それが盲目で聾啞だなんて。証言の重みを考えたら、ゆうべの場合、死んでいたとしても大差ないですよ」

　「わたしにはそうは言いきれませんね、警視さん」レー

33

ンは階段をあがりながら言った。「キャンピオンさんは感覚をすべて失ったわけではありません。人間には五つの感覚があるのですよ」

　日本語は英語よりも敬語のバリエーションが豊富なので、英語では対等に話しているように読めても、日本語ではある程度上下をつけて訳したほうが自然に感じられる場合が多くあります。

　たとえば、**4**の個所を訳すにあたって、明らかに年長のレーンに対して、サム警視とブルーノ地方検事が敬語を使うのは当然ですが、サム警視とブルーノ地方検事のあいだでは、どちらがどう話すのが自然でしょうか。

　サムはニューヨーク市警の警視（inspector）で、高い役職にはちがいありませんが、署のなかにはおそらく警視が何人かいて、その上に刑事部長や署長・副署長などがいるはずです。一方、ブルーノはニューヨーク郡の地方検事（district attorney、通称DA）ですが、これは日本とちがって選挙で選ばれ、検察全体のトップの役職です（ブルーノは10年後の『Zの悲劇』ではニューヨーク州の知事になっています）。

　わたしの訳例で、サムのほうが敬語を使う形にしたのは、そんな背景を考えてのことですが、いや、ずっとふたりいっしょに行動しているのだから「タメ口」でいいのではないか、という考え方も成り立つかもしれません。

　一方、国名シリーズは、やはりニューヨークが舞台で、クイーン警視（エラリイの父）とサンプソン地方検事が登場しますが、サンプソンが警視を「Q」と呼んだり、全体に親しげな感じがしたので、わたしは両者をタメ口にして訳しました。絶対の正解はないでしょう。

　ハッター夫人の葬儀がおこなわれた際の一家の様子が描かれています。バーバラは長女、マーサは長男コンラッドの妻で、コンラッドとマーサのあいだには子供ふたり（13歳のジャッキーと4歳のビリー）がいます。

(...)The Hatters, as might have been expected, seemed not too much impressed by the solemnity of the proceedings; their slightly unbalanced views on life and death precluded tears and the customary outward signs of mourning. With the exception of Barbara they were 5 suspicious of each other, and wrangled all the way to Long Island. To the children, who refused to remain at home, it seemed a picnic; they had to be subdued by their mother constantly *en route*, and by the time the party reached the cemetery Martha Hatter was hot, tired, and 10 irritable.

2 solemnity　厳粛さ
4 preclude　排除する、妨げる
6 wrangle　口論する
8 subdue　静める、鎮圧する
9 en route　途中で
10 cemetery　墓地

① 1行目の as might have been expected の as は文法的にどんな役割をしているでしょうか。
② 3行目の their slightly unbalanced views からはじまる

文は、いわゆる無生物主語の構文です。なるべく自然な日本語にしてください。

③ 3行目と8行目のセミコロン（；）の場所に接続詞を入れるとしたら、それぞれ何が適当でしょうか。

④ 9行目の *en route* はなぜイタリック体になっているのでしょうか。

⑤ 10行目の hot はどう訳せばいいでしょうか。

《解答・解説》

① 関係代名詞

　この as は前文またはあとの文などを先行詞とする関係代名詞です。この文では、as 節の前後にまたがった The Hatters seemed not too much impressed by the solemnity of the proceedings; を先行詞とし、それらの内容が予想されたものであることを伝えています。

② **死生観がいくらかゆがんでいて、涙を流したり、世間並みに嘆いたりすることができないのだ。**

　字面どおりに訳せば、「彼らの生死に対するかすかにアンバランスな見方は、涙と習慣的な悲嘆の表出を妨げていた」などとなりますが、まずは人間を主語として、「彼らは～のせいで～や～ができなかった」という大きな骨組みをとらえ、「形容詞＋名詞」の組み合わせを「副詞＋動詞」に変えるなどの処理をしていけば（例：緩慢な歩行→ゆっくり歩く）、頭にはいりやすい日本語に近づいていきます。

③ **3行目は because など、8行目は and など**

37

3行目は、葬式に心を動かされなかった（ように見えた）理由が記されていると考えれば筋が通るので、because などがぴったりです。

　8行目はむしろ、子供たちにとってはピクニックのようなものだったから、母親のマーサは大変だったという流れになるので、and などが最適ということになります。

　ただ、この章の **2** の④の解説にも書いたとおり、ひとつに限定できるわけではありません。

④ もともと英語ではない表現だから

　イタリック体は強調を表す場合が多いのですが、外国語であることを際立たせるために用いる場合もあり、en route はもともとフランス語なのでそうなっています。文学作品では、ラテン語をはじめ、さまざまな言語がイタリック体で表記されます。

　国名シリーズなどでは、エラリイがよく気どってフランス語を口にするので、翻訳では「道中」のようにルビをつけて処理することが多いです。

⑤ 「興奮して」「怒って」「顔を火照らせて」など

　なかなかむずかしいところですが、もちろん単に暑かったのではありません。ふたりの子供が騒ぐのを制止しつづけたマーサの状態として、tired（疲れた）や irritable（怒りっぽい）と並んでいるのですから、「興奮している」や「顔（あるいは体）を火照らせている」などが最も適当でしょう。

　予想にたがわず、ハッター家の面々はこの厳粛な局面でもあまり心を動かされたふうではなかった。死生観がどこかゆがんでいて、涙を流したり、世間並みに嘆いたりすることができないのだ。バーバラを除く全員が互いの腹を探り合い、ロングアイランドに着くまで口論が絶えなかった。家に居残ることを承知せずについてきた子供たちにとって、外出はピクニックも同然で、母親が道中ずっと押さえつけておかなくてはならず、一行が墓地に着くころにはマーサは興奮と疲れと苛立ちの極にあった。

　ハッター家の面々はたしかに変人ぞろいですが、実は名探偵ドルリー・レーンもけっして負けていません。引退した名優レーンは、ニューヨークの郊外で、エリザベス朝時代の田舎家を忠実に模したハムレット荘という邸宅に住み、それを取り囲む小村落にシェイクスピア劇の脇役を髣髴させる使用人たち（たとえば、執事フォルスタッフの名は『ヘンリー四世』に登場する肥満の道化者から採っている）を住ませるという、徹底した隠遁生活を営んでいます。そのレーンは、熊の毛皮の上に全裸も同然の姿で横たわって日光浴をしながら、楽しげにサムを迎えたりします。よく考えると、ずいぶん異様ではないでしょうか。

　とはいえ、現役時代にさまざまな栄光と挫折を経験し、聴力を失うという苦しみを乗り越えたレーンによる深みのあることばの数々は、読者の心に強く響きます。わたしがいちばん好きなのは『Xの悲劇』の第2幕第5場でレーンと扮装係クエイシーが扮装のあり方について議論を交わす場面で、そこで語られる技術論は文芸翻訳の仕事にも通じることが多く、さらには人間が生きていくうえで重要なヒントがちりばめられている気がしてなりません（わたしの著書『翻訳百景』［角川新書］で詳述）。再度言いますが、作者のふたりがこれを書いたころにまだ20代半ばだったというのが、いまだに信じられません。

6

　ドルリー・レーン氏が事件の真相をサムとブルーノに説明している場面です（すべてレーン氏の台詞の一部）。最初の it はヨークによる「あらすじ」です。

(...)Jackie reads it, and it is meaningless to him. He has to secure some outlandish thing called a 'blunt instrument' and hit his hated grandmother over the head with it. How does a child mind work? Instrument — it means only one thing to a child: musical instrument. 5 Blunt — well, he let it go at that; perhaps had never heard the word, or if he had, he didn't know what it meant. Or he may have looked it up in a dictionary and discovered that it was something broad, not pointed; dull rather than sharp. He must at once have thought of the mandolin — 10 the *only* 'instrument' in the house, as Barbara Hatter said, having belonged besides to York Hatter, the criminal of the plot!

2 secure　手に入れる
2 outlandish　異様な、奇妙な
2 blunt　鈍い
6 let it go　そのまま放置する
9 pointed　とがった
12 criminal　犯罪者

① この段落の冒頭では、過去のことを説明しているのに動詞が現在形です。なぜでしょうか。

② 3行目の hit は原形・現在形・過去形のどれでしょうか。

③ 5行目で a child と言っていますが、これは the child と言った場合と意味がどうちがうでしょうか。

④ この作品の山場とも言うべきこの場面で、ジャッキーが何をどう誤解したのかがよくわかるように、4行目の Instrument からの文、6行目の Blunt からの文を日本語にしてください。

⑤ 9行目の rather than はどう訳すのがいいでしょうか。

⑥ 11行目の as Barbara Hatter said で、関係代名詞 as の先行詞はなんでしょうか（つまり、バーバラはどんなことを言ったのでしょうか）。

《解答・解説》

① **臨場感を伝えるため。**

過去形の文が並ぶなかに現在形の文が交じる場合、出来事ではなく一般的真理などを表すのがふつうです。それとは別に、会話の流れのなかで、本来過去形で言うべきところで現在形を使って、あたかもそれが目の前で起こっているかのように感じさせる場合もあります。ここは、事件の真相を語っているレーンが、臨場感を伝えるために無意識に現在形を使ったと考えるのが自然です。

② **原形**

hit は現在形・過去形・過去分詞がすべて同形である動詞ですから、見かけ上はどれもありえます。この文で

は、hit の前の and によってどことどこが並べられているかを考える必要があります。ここでは、あらすじを読んだジャッキーが何を考えているかが書かれているので、hit は実際に殴ったという事実ではなく、has to のあとにつながって、「これから殴らなくてはならない」という意味を伝えていると読むべきです。

　仮に1行目が had to だったとしたら、hit が過去形に見える可能性が高くなりますが、その場合でも、ここを実際に殴ったと読んでしまうと、あとの How does a child mind work? 以下の説明がつかなくなるので、やはり hit は had to につながるとしか読めません。

　前に has to が省略されているのですから、この hit は原形です。

③　ジャッキーだけを指しているのではなく、「子供というものは」という意味で言っている。

　不定冠詞の a は不特定の名詞につきますから、ジャッキーにかぎらず、一般に子供はどういうものかという話をしています。ですから、この文は動詞が現在形です（①の臨場感はあまり関係ありません）。

　一方、6行目以降の he はすべてジャッキーを指していますから、6行目の he let it go からあとは、事実を語るために過去形の動詞が使われています。

④　訳例参照

　『Ｙの悲劇』の過去の訳書のほとんどは、この個所で「鈍<ruby>器<rt>ブラント・インストゥルメント</rt></ruby>」「楽<ruby>器<rt>ミュージカル・インストゥルメント</rt></ruby>」のように漢字とルビを併用する形で訳文を作っています。2010年に

わたしが新訳したときも、ルビを使わずに処理するのは不可能と判断して、先例に従いました。

ミステリ小説では、真相が解明される部分が作中で最も重要なので、そこを曖昧にするわけにはいきません。こういう個所では、多少くどくなったとしても、読者が日本語だけを読んでじゅうぶん納得できるように訳すことが最優先課題となります。

最初、わたしは「鈍」や「器」という訳語だけでどうにかできないかといろいろ考えてみましたが、やはり日本語の「器」だけでは、子供が「楽器」しか思いつかないという説明は苦しいのです（「食器」「器具」なども思いつくはず）。そうなると、英語の instrument 特有の問題であることを明示するしかありませんから、ルビ処理は不可避でした。

とはいえ、この海外ミステリ史上最も有名と言ってもよい「ことばの勘ちがい」を日本語の処理だけでクリアに表現することは、ひょっとしたら可能なのかもしれません。わたしも含めた過去の翻訳者ができなかったことを将来実現してくれる人が現れたらいいなあ、とひそかに願っています。

⑤ …ではなく〜

rather than には「…よりむしろ〜」という定訳があり、それがまちがいだというわけではありませんが、これまで多くの英文を読んできた経験から言うと、「…ではなく〜」のほうが近いのではないかと感じることがよくあります。

この dull rather than sharp については、直前に broad,

not pointed（とがっていなくて太い）とあるのですから、それに対応して「鋭利ではなく平たい」と処理するほうが自然ですし、原文の意味に近いはずです。

⑥ the *only* 'instrument' in the house（屋敷にあるただひとつの楽器であること）

　関係代名詞の as については、この章の**5**の①で説明しました。

　この作品の前半（第1幕第3場）で、バーバラがレーンたちの問いかけに対して、この家にある楽器はマンドリンだけだと答える個所があるので、as より前の部分がバーバラが言った内容なのはまちがいありません。一方、as 節のあとの having 以下の情報はバーバラから聞き出すまでもなくわかっていたことなので、この個所は as の先行詞に含まれません。

　ここなどは、レーンが推理を進めるのに使った情報が読者にも事前に提示されていた（つまり、読者にも謎解きの材料がしっかり与えられていた）ことを確認している個所なので、訳者としてはかなり神経をつかいます。こういうところを正確に訳さないと、作者の「フェアプレイ」を台なしにしてしまうのですから。

《訳例》

　それを読んでもジャッキーには意味がわかりません。自分は“鈍（ブラント・インストゥルメント）器”という得体の知れないものを手に入れて、それを使って大きらいな祖母の頭を殴らなくてはならないのです。子供の頭はどのように働くでしょうか。インストゥルメント──その語から思いつくの

45

はひとつだけ——"楽器<ruby>ミュージカル・インストゥルメント</ruby>"でしょう。ブラント——まあ、これはどうにもなりませんでした。聞いたことがないか、あったとしても意味がわからない。あるいは辞書を引いて、太くてとがっていないもの、鋭利ではなく平たいものだと知ったのかもしれません。ジャッキーはそこですぐにマンドリンを思い浮かべたはずです。バーバラ・ハッターの話によると、それは屋敷にあるただひとつの楽器ですし、おまけに、犯行の筋書きを考えた張本人ヨーク・ハッターのものだったのですから！

『Yの悲劇』は1978年に日本でTVドラマ化され、6回にわたって放映されました。レーン役（役名は南郷亮治）を演じたのは、当時まだ30代後半だった石坂浩二。元俳優というところは原作と同じですが、舞台から奈落へ落ちた事故で聴力を失った青年という設定になっていました。このころ、石坂浩二は映画で金田一耕助の役も演じていましたから、名探偵として獅子奮迅の大活躍だったわけです。

　原作の訳者として、いちばん気になるのは、やはりblunt instrument をどう処理したかです。映像化作品、それも日本語ですべての話が進んでいく作品では、小説のようなルビ処理という手が使えません。このドラマでは、日本語による映像化作品としての制約のなかで考えうる最高の処理がなされた、とわたしは思っています。また、原作の全篇に漂う重苦しさや一族のとげとげしい人間関係なども、日本の旧家を舞台にしたストーリーにうまく反映されています。いまこれを観る手立てはなかなかありませんが、機会があればぜひご覧ください。

　ご存じのかたも多いでしょうが、このblunt instrument の手がかりは当時の日本のミステリ作家にも多大な影響を与え、戦後まもなく書かれたあるオールタイムベスト級の作品でも、これに近い趣向の技巧が使われています。どちらも甲乙つけがたく、ミステリ史上最も名高いことば遊びと呼んでいいかもしれません。

★★ここまでネタバレ★★

第2章

エラリイ・クイーン

『エジプト十字架の秘密』
（1932年）

The Egyptian Cross Mystery

あらすじ・概略

　ウェスト・ヴァージニア州の田舎町アロヨで、クリスマスの朝に死体が発見される。地元の学校長アンドルー・ヴァンと思われるその死体は、頭を切り落とされて両腕をひろげたTの字の恰好で、T字路に立つ標識に磔にされていた。そしてヴァンの自宅の扉には、犯人の残した「T」の血文字があった。事件を知ったエラリイは、すぐにアロヨへ車を飛ばし、捜査に首を突っこむ。

　検死審問では、死体発見前夜に姿を目撃された外国人らしき男が怪しいと目される。そこに証人として現れた異様な老人が、自分はエジプトの太陽神ホルアクティだと名乗り、目撃された男は自分に仕える神官ヴェリャ・クロサックであると言う。T字形の十字架が「エジプト十字架」とも呼ばれることをエラリイは思い出す。

　半年後、事件は思わぬ展開を見せる。エラリイのもとに大学時代の恩師ヤードリー教授から電報が届き、ニューヨークのロングアイランドの海辺にある教授の隣家で殺人があったと知らせてきたのだ。死体は庭のトーテムポストに磔にされ、頭が切り落とされていたという。

　第2の被害者はトマス・ブラッドという大富豪だった。死体の状態や、殺害現場らしい場所にまたも血文字の「T」が残されていたことから、アロヨの事件との関連が疑われたが、つながりは謎のままだ。一方、現場に面した入り江の島で、あの自称ホルアクティが信者を連れて暮らしていることがわかる。やはりホルアクティとクロサックが事件にかかわっているのだろうか。

　だが、ブラッドの共同経営者スティーヴン・メガラが訃報を受けて帰国すると、事態は急変する。メガラは今

回の事件の関係者のあいだにある忌まわしい宿怨を打ち明けるのだった……。

『エジプト十字架の秘密』は、『ローマ帽子の秘密』にはじまるいわゆる「国名シリーズ」の5作目にあたる。現在、日本で国名シリーズの人気アンケートをおこなうと、この『エジプト十字架』が1位になることが多いが、これは、国名シリーズには珍しく舞台が多くの都市にまたがり、展開がダイナミックであることや、いくつかのさりげない小道具を手がかりにして謎を解明する手並みの鮮やかさによるところが大きいだろう。

レーン四部作も国名シリーズも、探偵役の緻密な推理が秀逸であるという点では同じだが、レーンが包容力のあるいぶし銀のキャラクターであるのに対し、エラリイは生意気盛りな若者で、父親のクイーン警視や無骨なヴェリー部長刑事との掛け合い漫才のようなやりとりが楽しい（ただし、『エジプト十字架』には、警視や部長刑事はあまり登場しない）。

1932年には、国名シリーズの『ギリシャ棺の秘密』と本作、レーン四部作の『Xの悲劇』と『Yの悲劇』が発表されている。4作とも、クイーンの作品としてだけでなく、世界ミステリ史上の最高レベルに位置づけられる大傑作であり、この年を「奇跡の年」と呼ぶクイーン愛好家も多い。

エラリイと父クイーン警視がアロヨの町に着き、首な
し死体の事件（Andrew Van という人物が被害者と思わ
れる）のことを説明してもらうために、巡査を訪ねます。

Ellery smiled. "We're looking for Constable Luden of
Arroyo."

"Oh! I'm him. What d'ye want?"

"Constable," said Ellery impressively, "let me introduce
you to Inspector Richard Queen, head of the Homicide   5
Squad of the New York Police Department — in the
merry flesh."

"Who?" Constable Luden stared. "N'Yawk?"

"As I live and breathe," said Ellery, stepping on his
father's toe. "Now, Constable, we want —"   10

"Set," said Constable Luden, kicking a chair toward the
Inspector, who sniffed and rather delicately sat down.
"This Van business, hey? Didn't know you N'Yawkers was
int'rested. What's eatin' ye?"

1 constable　巡査

3 d'ye　≒ do you

5 homicide　殺人

6 squad　課、班

6 in the merry flesh　まさしく生身の（merry は単なる強調で、
「楽しい」という意味はない）

8 N'Yawk　≒ New York

11 Set　正しくは Sit。これも訛りと考えられる。

① 3行目を日本語訳するとしたら、どんなことに気をつけるといいでしょうか。

② 4行目の impressively をこの文脈にふさわしい日本語にしてください。

③ 9行目の As I live and breathe, はどういう意味でしょうか。

④ 9行目でエラリイはなぜ父の足を踏んだのでしょうか。

⑤ 14行目の What's eatin' ye?（≒ What's eating you?）はどういう意味でしょうか。

《解答・解説》

① 品がない感じ、やや乱暴な感じにする。

　What d'ye want? や N'Yawk などからわかるとおり、この巡査はいかにも田舎っぽい話し方をします。その前の **Oh! I'm him.** もちょっと砕けた感じの物言いで、初対面の相手と話すにしてはやや乱暴なので、日本語もそれに合わせるといいでしょう。ていねい語での受け答えにするのは変です。

　ただ、こういうとき、日本のどこかの地域とはっきりわかるような訳し方は、それはそれで違和感を覚える読者が多いものですから、あまりお勧めしません。特定の地域を思い起こさせる言いまわしとなると、やや控えめな方言が安全かもしれません。訳例全体を参考にしてください。

②「もったいぶって」「仰々しく」「芝居っけたっぷり

に」など

impressively の代表的な訳語は「印象的に」ですが、これは impress が「相手に（強い）印象を与える」という意味だからです。

ここでは、直後の let me introduce 以下において、エラリイがいかにも大げさな感じで父クイーン警視を紹介していますから、impressively はそれと呼応することばと考えるべきです。わたしの訳例で、直前の Constable を「巡査殿」としたのも、全体として大仰な感じを出すためです。

ここでエラリイがもったいぶって話しているのは、巡査の口のきき方が悪いので、それに対抗して、意図的にばかていねいな態度をとったからと考えられます。

③ ぜったいにまちがいありません。

辞書を引くと、As I live and breathe! の形で「驚いた！」「お久しぶり！」などと出ていますが、ここはその日本語では意味が通じません。

as I live [and breathe] はやや古い言いまわしで、もとの意味は「自分が生きて［呼吸をして］いるのと同じくらい確実に」ということですが、意外な物事が起こったときに「驚いたことに、たしかにほんとうだ」という感じで使います。意味の近い表現は definitely や I'm sure などです。

この場面では、自分たちがニューヨークから来たことは驚きでもなんでもないのですが、相手の巡査が目を瞠って「ヌーヨーク？」と尋ねているので、それに合わせてわざと驚いたふりをして、大げさに言い返しているの

です。

④ 父が憤慨して飛び出しかねないのを抑えるため

少し前にエラリイが警視を丁重に紹介したにもかかわらず、巡査はただ "Who?" と尋ね返しました。これはかなり無礼な態度です（日本語でも、初対面の人にいきなり「だれ？」とは言いませんね）。そういう相手に対し、エラリイは飄々と応じつつ、警視をなだめていると考えられます。

⑤ 何が問題（心配）なんだ

この eat は「神経をむしばむ」という感じの意味で、辞書には「悩ませる」などと出ています。ここもずいぶんくだけた言い方です。

《訳例》

エラリイはにっこりとして言った。「アロヨのルーデン巡査にお会いしたいんです」

「ああ！　そりゃおれだ。用件はなんだね」

「巡査殿」エラリイはもったいをつけながら言った。「リチャード・クイーン警視をご紹介します。ニューヨーク市警殺人捜査課の課長――まさしく本人です」

「だれだって？」ルーデン巡査は目を瞠った。「ヌーヨーク？」

「ええ、まちがいありません」エラリイは言い、警視の爪先を踏みつけた。「巡査、このたびは――」

「まあ、掛けな」ルーデン巡査は椅子を前へ蹴り出した。そこに警視が鼻を鳴らしていくぶん慎重に腰かける。

「ヴァンの件だろ？　ヌーヨークのもんまで目をつけてるとはなあ。何が問題なんだ」

　強烈な方言やスラングをどう処理するかは、翻訳者にとってなかなかむずかしい問題です。かつては黒人のことばを東北弁で訳すことがよくあったようですが、特定の地域をはっきり意識させるような訳文は、読者からすると、ちょっと差別的に感じたりして、なかなか読むことに集中できなくなります。

　とはいえ、なんの工夫もせずに訳せば、原文の大事な情報が抜け落ちてしまいますから、それも不誠実です。結局、日本のどこの地域とも特定できないような、ちょっと品のない言い方を重ねて処理することになります。

　国名シリーズのなかで、崩れた言い方が最も多いのは『アメリカ銃の秘密』です。荒くれ者のカウボーイが多く登場する作品で、たとえば、父親がワイオミング州出身だというブーンはこんなふうに話します。

　"Shmart — smart filly, ain't she? Fresher'n new fodder! Well, I'll tell ya, Miller. I wash — was born Hank, but the ole man, he says: (...) Haw, haw!"

　綴りのまちがいや短縮などは山ほどありますが、こういうのは、耳で聞いたときにどうなるかを考えながら読んでいくと、たいていわかります（念のため書くと、'n は than、ya は you、ole は old）。

　わたしの訳文は以下のとおりです。

「そそ——そそるだろ、あの小娘。まぐさとは比べ物にならねえくらい、ぴちぴちしてるからな！　ああ、そのことだがな、ミラー。も——もともとハンクだったんだが、親父が言ったんだよ。（略）ガッハッハ！」

アロヨの事件のあと半年間、エラリイはニューヨークでふだんどおり過ごしました。

Six months passed, during which Ellery completely forgot the bizarre events of the Arroyo murder. There were things to do. New York, unlike its kin in Pennsylvania, was not exactly a city of brotherly love; homicides were plentiful; the Inspector dashed about in 5 an ecstasy of investigation, and Ellery trailed along, contributing his peculiar faculties to those cases which piqued his interest.

It was not until June, six months after the crucifixion of Andrew Van in West Virginia, that the Arroyo murder was 10 forcibly brought back to his mind.

2 bizarre　奇怪な

3 kin　親族、同類

5 homicide　殺人

6 trail　あとをついていく

8 pique　そそる、掻き立てる

9 crucifixion　磔

① 3行目の its kin は何のことを言っているでしょうか。

② ①の内容を踏まえて、3行目からの New York, unlike its kin in Pennsylvania, was not exactly a city of brotherly love; を日本語にしてください。

③ 4行目と5行目のふたつのセミコロン（;）にはどん

な意味合いがあるでしょうか。

④ 7行目の his peculiar faculties を日本語にしてください。

⑤ 9行目からの最後の1文の内容から考えて、このあとどんな出来事があったと想像できるでしょうか。

《解答・解説》

① ペンシルヴェニア州最大の都市で、古い歴史を持つフィラデルフィア

kin というのは本来は親族を指しますが、ここではニューヨークという大都市の同類にあたるものですから、ペンシルヴェニア州にある大都市を想像するのが自然な読み方です。となると、州都ではありませんが、全米屈指の大都市で、建国時の中心地でもあったフィラデルフィア（Philadelphia）を、ほとんどのアメリカ人は思い浮かべるでしょう。

すぐにフィラデルフィアを思いつかなかった場合も、a city of brotherly love をネット検索すれば、それがフィラデルフィアの俗称だとわかるはずです。この名は古代ギリシャ語の phílos（愛すべき）と adelphós（兄弟）を組み合わせたものです。

② ニューヨークは、ペンシルヴェニア州にある大都市とはちがい、"兄弟愛の街（フィラデルフィア）" とはとうてい呼べない。

解釈については①の説明にすべて書きましたが、これを日本の読者に過不足なく伝えるにはどうしたらいいでしょうか。アメリカ人の、少なくともこの作品を読んでいる読者層であれば、ほぼ全員が説明なしでフィラデル

フィアのことだとわかるでしょうが、日本の読者では、おそらくわかる人は1割にも満たないでしょう。

こういうとき、翻訳で気づかうべきなのはつぎの2点です。

[1] 日本の読者が、その個所の前後も含めて理解できるようにする。
[2] 補足説明は最小限にする。

[1]については、たとえば登場人物の好きな歌手の名前が列挙されていた場合、仮にそれらが日本の読者になじみがなかったとしても、どんなタイプの歌手なのかがなんとなくわかればふつうはじゅうぶんですから、いちいち説明をする必要はありません。しかし、本問のこの個所については、kin がフィラデルフィアであることがわからなければ、読者がこの段落全体を理解しづらくなるので、ある程度の補足説明が必要です。

ここで、たとえばフィラデルフィアについてのくわしい訳注をつけることもできますが、説明が長ければ長いほど、読者は脱線を強いられ、快適な読書の邪魔をされます。だから[2]の制約も必要です。補足説明は1文字でも少ないに越したことはありません。

わたしの訳例（kin を「大都市」とし、「フィラデルフィア」はルビとして処理する）は、その2点を頭に置いて作ったものです。

③ どちらも and so など
『Yの悲劇』の章の**2**④や**5**③にも書いたとおり、セミ

コロンはカンマより大きくピリオドより小さい切れ目で、接続詞の意味合いを含む場合もあります。この個所も、3つの文に分けて書くことも可能ですが、それぞれが独立した内容というよりも、「ニューヨークは兄弟愛の街とは呼べない」→だから「殺人が多く起こる」→だから「警視は捜査に夢中で、エラリイはそれに付き従った」という流れで自然につなぐために、ピリオドではなくセミコロンを使っていると考えられます。

1番目のセミコロンについては、「ニューヨークは兄弟愛の街とは呼べない」、なぜなら「殺人が多く起こる」から、のように、because の意味にとれなくもありませんが、ここはふたつのセミコロンが同じ用法で、左から右へテンポよく記述が進んでいくと考えるほうが、内容が頭にはいりやすい気がします。

④ 持ち前の異才

peculiar はいろいろな訳語が考えられることばで、英英辞典の Longman Dictionary of Contemporary English（以下、LDOCE）では、strange, unfamiliar, or a little surprising と説明されています。エラリイの能力を考えると、「奇妙な」はちょっとずれるので、「特異な」や「際立った」あたりが近いのではないでしょうか。そして、peculiar の前の his を「彼ならではの」とすると、エラリイの人物像がより明確になります。

辞書には「特有の」「特徴的な」という訳語もありますが、この意味になるのは「be peculiar to 人」という形の場合がほとんどです。

⑤ **第2の殺人事件、またはそれに類することが起こる。**

　前の段落で6か月が経過したことが語られたあと、あらためて It was not until ... that 〜（…になってはじめて〜した）という形ではじまっていますから、ずいぶんもったいぶった言い方です。否が応でももう一度アロヨのことを思い出すのは、アロヨの事件に匹敵するような大事件、おそらく第2の殺人事件が起こった場合でしょう。

　実際、このあとヤードリー教授から電報が届き、自分の家のすぐ近くで「きみにとってなかなか魅力的な殺人事件」が起こったことや、ある人物が「トーテムポストに磔にされ、頭部が消えていた」ことが記されています。

《訳例》

　六か月が過ぎ、そのあいだにエラリイはアロヨの奇怪な殺人事件をすっかり忘れていた。片づけることはほかにたくさんあった。ニューヨークは、ペンシルヴェニア州にある大都市とはちがい、"兄弟愛の街"とはとうてい呼べない。殺人事件など、いくらでも起こる。警視は捜査に夢中になって駆けまわり、エラリイもあとについて、興味をそそられる事件には持ち前の異才を生かして貢献した。

　ところが、ウェスト・ヴァージニア州でアンドルー・ヴァンが磔にされてから半年が経った六月になって、否応なしにアロヨの殺人事件を思い出さざるをえなくなった。

　フィラデルフィア市の異名は a city of brotherly love
ですが、ニューヨーク市の異名として有名なのが the
Big Apple と Gotham（ゴッサム）です。前者の由来に
ついては諸説あるようですが、後者については、愚者が
住んでいたという逸話があるイギリスの村の名を19世
紀の作家ワシントン・アーヴィングがニューヨークを評
するときに使ったのが最初とされています。『バットマ
ン』の舞台となる大都市も「ゴッサム・シティ」と呼ば
れています。

　クイーンの『九尾の猫』の冒頭でも、ニューヨーク市
（正確にはマンハッタン）が別名「ゴッサム」として紹
介されます。この作品では、大都市が連続殺人の恐怖や
デマでパニックに陥るさまが描かれます。現代の渋谷の
街で同じことが起こったらと思うとぞっとします。

　そのニューヨークの西八十七丁目通りのアパートメン
トで、エラリイは父のリチャード・クイーン警視とふた
りで暮らしています（母はエラリイが幼いころに亡くな
りました）。父子の関係はきわめて良好で、国名シリー
ズのころには、父の警視が気まぐれで生意気な天才エラ
リイをいささか持て余しつつも、つねに微笑ましく見守
っています。

　国名シリーズのころには、この家にもうひとり、ジュ
ーナという家事一切を引き受けるロマの少年が住んでい
て、マスコット的な存在になっています。『オランダ靴
の秘密』では、ジューナのちょっとした助言がエラリイ
の推理に大きなヒントを与えます。

「太陽の神」を自称する異様な老人ホルアクティのもとを、エラリイがヴォーン警視、ヤードリー教授、テンプル医師とともに訪ねる場面です。ホルアクティにはポールという弟子がいます。

"Are you worshipers at the shrine?"

"I'll worship at *your* shrine, you little peanut," snarled Inspector Vaughn, striding forward and gripping Harakht's arm. "You're the boss grifter of this carnival, aren't you? Where's your shack? We want to talk to you." 5

Harakht looked helpless, and turned to his companion. "Paul, you see? Paul!"

"He must have liked the name," murmured Professor Yardley. "A rare disciple!"

Paul Romaine did not shift his gaze; he was glaring at 10 Dr. Temple, who returned the glare with interest.

2 peanut　つまらない人（もの）

2 snarl　うなる、怒鳴る

4 grifter　ペテン師

5 shack　小屋、住みか

9 disciple　弟子、使徒

① 2行目の *your* がイタリック体になっているのはなぜでしょうか。

② 4行目の this carnival は何のことでしょうか。

③ 6行目で、ホルアクティが helpless に見えるのはな

ぜでしょうか。

④ 8行目で、ヤードリー教授はなぜホルアクティがその名前を気に入っていると判断したのでしょうか。

⑤ 11行目の who の前にカンマがありますが、これがない場合と比べて、この前後のニュアンスがどう異なるでしょうか。

《解答・解説》

① 神殿だと言い張っているのはおまえだけだ、と伝えるため

　この *your* がイタリック体になっているのは強調の意味をこめてであり、音読する場合には強めに読むことになります。得体の知れない宗教もどきを主宰するホルアクティが worshiper（信奉者）や shrine（神殿）といったことばを使ったので、ヴォーン警視はそれを半ば揶揄するように同じことばを繰り返し、「おまえの言う神殿とやら」に「参詣」しにきてやったんだ、と語りかけたのです。

　相手を小ばかにしていることは、そのつぎの you little peanut からもわかります。ここで「虫けら」と訳したのはほんの一例で、からかい気味に相手を否定するニュアンスのことばならなんでもかまいません。

② ホルアクティが shrine（神殿）だと言い張るもの、あるいはその宗教全体

　carnival（祭り）というのも、①と同じく、相手を揶揄する言いまわしです。「見世物小屋」と訳しましたが、「乱痴気騒ぎ」などでもいいでしょう。

64

③ 警視が自分やその宗教を強烈に否定したから

反論の余地もなく一気に否定されたので、ホルアクティは弟子のポールに助けを求めました。

④ ポールはパウロの英語名だから

英語圏の名前は聖書の登場人物に基づいている場合が多く、文学作品ではさりげなく言及されることがよくあります。

ここはその直後に disciple（弟子、使徒）という表現がありますから、イエスの死後にその教えを広めることに大いに貢献したパウロと同じ名前だから気に入っている、と考えてまちがいありません。

もっとも、パウロはイエスと直接会ったことがない（正確には、磔刑後に復活したイエスに出くわして後継者となった）わけですから、「使徒」と呼ぶべきかどうかは微妙ですが、パウロ自身は使徒であると主張していたので、それに合わせた訳注をつけました。

このほか、Mary（マリア）、Peter（ペテロ）、John（ヨハネ）、Jacob（ヤコブ）、Matthew（マタイ）などでも、同じようなことが起こりえます。

⑤ カンマがあるとポールとテンプルの両者に力点が置かれるが、ないとおもにポールに力点が置かれる。

カンマがある場合は、いわゆる関係代名詞の非制限用法（連続用法）で、「ポールがにらみ、そしてテンプル医師もにらみ返した」のように、書かれている順序で注目の対象が移動する感じになります。一方、カンマがな

い場合は関係代名詞の制限用法で、「"にらみ返すテンプル医師"をポールはにらんだ」という感じになって、おもにポールが注目の対象となります。

《訳例》

「そなたたちは神殿へ参詣にやってきたのか」

「ああ、おまえの神殿へな、この虫けらめ」ヴォーン警視がホルアクティに迫って腕をつかみ、怒鳴りつけた。「この見世物小屋の元締めのぺてん師だな？　ねぐらはどこだ。おまえに話がある」

　ホルアクティはなす術もなく連れの男に顔を向けた。「ポール、どうなっている。ポール！」

「名前も気に入ったんだろうな」ヤードリー教授が小声で言った。「弟子にポールとは、願ってもないことだ！（キリストの使徒パウロの英語名はポール）」

　ポール・ローメインは視線を動かさなかった。テンプル医師をにらんでいたからだ。テンプルも大いに関心を寄せてにらみ返していた。

　この作品には新興宗教のエキセントリックな教祖とそ
れに導かれた共同体が登場しますが、ほかのクイーン作
品で似た設定が用いられているのが後期の異色作『第八
の日』です。文明社会から隔絶された宗教的共同体が舞
台で、そこに迷いこんだエラリイはふだんの常識が通用
しないなかで苦しみます。通常とは次元の異なる展開や
解決は、クイーン作品で最大の問題作と言ってもいいで
しょう。

　国名シリーズのころには、クイーンはあまり宗教に深
入りしていませんが、中期作品から徐々に神学的なテー
マが目立つようになります。クイーンのベスト作品とし
て推す人も多い『十日間の不思議』の冒頭はこうなって
います。

In the beginning it was without form, a darkness that
kept shifting like dancers.

　はじめは形がなく、闇が踊り手たちのごとく動きつづ
けた。

　これは記憶を失った主人公の脳裏にうごめくものを描
いた文ですが、この作品の底流にあるテーマやメイント
リックを考えると、旧約聖書の創世記の第1文（In the
beginning God created the heavens and the earth.）と、
そのあとの神が闇と光を分離する場面を意識して書かれ
たのはまちがいありません。

エラリイの大学時代の恩師であるヤードリー教授が、
事件を解決できずに悩むエラリイをなだめている場面で
す。Vaughn は事件を担当する警視です。

The Professor chuckled. "If I were you, I'd forget this
case entirely. Relax and read the *Iliad*. Or something as
nicely literary and heroic. You're paddling the same canoe
as Vaughn. Except that you're more graceful about the
fact that it's sinking."   5

Ellery grunted and flipped his cigaret-butt into the grass.

He was chagrined; more than that, he was worried.
That the case offered no logical solution to his mind did
not disturb him half so much as that it seemed to have
expired of inertia.   10

2 *Iliad* 『イーリアス』（古代ギリシャの詩人ホメーロスの作とさ
れる長篇叙事詩）

3 paddle　漕ぐ

6 grunt　（不満げに）うなる

6 cigaret-butt　煙草の吸いさし

7 be chagrined　残念に思う

10 expire　満期になる、絶える

10 inertia　慣性、惰性、無力症

① 2行目の Relax and read the *Iliad*. を日本語にしてく
ださい。

② 2行目の something as nicely literary and heroic を日

本語にしてください。

③ 4行目の graceful にはどんな訳語をあてればいいで
しょうか。

④ 8行目の That からの文を日本語にしてください。な
るべく前から後ろへ訳すにはどうすればいいかを工夫し、
10行目の of の意味に特に注意すること。

《解答・解説》

① のんびりと『イーリアス』でも読む（読め）。

　Relax という動詞の原形からはじまっているので、命
令文に見えますが、前の文の I'd forget からそのままつ
づいて、I'd relax and read の I'd が省略された形と考え
ることもできます。

　前の文で If I were you（わたしがきみだったら）と言
っていて、ここは「わたし」と「きみ」が事実上の同体
なので、どちらの意味にとっても大差はありません。

　Iliad の前の the には、「例の」「かの有名な」とい
ったニュアンスがこめられています。

② 同じくらい上等な文学作品の英雄譚

　この個所は正確に言うと something <u>as</u> nicely literary
and heroic <u>as</u> the *Iliad* のように as ... as ... の原級比較の
形になるべきところで、最後の部分が省略されています。
訳文では「（『イーリアス』と）同じくらい」と入れない
と意味が通じないでしょう。

　nicely literary and heroic というのは副詞のあとに形
容詞がふたつつづく形で、非常に日本語にしづらいとこ
ろです。要は「文学的」「英雄的」という2点において

すぐれているという意味合いなら、どんな訳語でも OK ですが、「～的」を多用すると堅苦しくなるので、ここでは「『イーリアス』に匹敵するもの」という意味を明確にして、訳例のようにしました。

③ 「お上品な」「お行儀がよい」など

graceful を LDOCE で調べると、behaving in a polite and pleasant way とあり、英英辞典にも「上品な」「優雅な」などの訳語が並んでいます。ただ、ここでは、このヤードリー教授のことばを聞いたエラリイの反応が grunt（不満げにうなる）なので、それが自然に感じられる訳語を選びたいところです。

前後の文脈から考えて、ここでヤードリー教授は、事件に対して何もできずにいるエラリイを少しだけ挑発しつつ励ましていると感じとれます。解答例で「上品な」や「行儀のよい」に「お」をつけたのは、少しだけ揶揄するようなニュアンスをこめるためです。

grace の訳語としては、辞書には「潔い」があり、クラス生の多くはそれを選びました。もちろん、まちがいとは言えませんが、ここでのふたりの関係やエラリイの反応を考えると、最適な訳語ではないと思います。

④ 論理的解決を自分の頭でひねり出せないことはもちろんだが、この事件が無力症に陥って息絶えたも同然であることのほうが、その倍は気がかりだった。

まず、全体の構造としては、That the case offered no logical solution to his mind が主語で、これを最後の that it seemed to have expired of inertia と比べている文だと

わかるでしょう。前者は自分を disturb させる程度が後者の半分にも満たない、と言っているのです。こういうとき、「AはBの半分にも満たない」でもいいのですが、裏返しにして「BはAの2倍以上だ」と言うこともできます。どちらがよいかは前後関係などにもよりますが、ここではエラリイの苦悩の大きさを表現したいのですから、「Bが2倍以上である」という言い方のほうが読者にストレートに伝わります。

一方、この前の文（He was chagrined; more than that, he was worried.）では、「悔しい思いをしていた。それ以上に心配していた」と言っていて、それは先ほどのふたつの that 節の内容と対応していますから、あとの文のAとBの順序を入れ替えて訳すと混乱を招きかねません。

以上を総合し、わたしの訳文では、A→Bの順を守りつつ、「BはAの2倍以上だ」とまとめるために、少しことばを補っています。

もうひとつ、最後の it seemed to have expired of inertia について。expire は「満期になる」という経済用語、inertia は「慣性」という物理学用語として知っている人が多いかもしれません。ここはそれらの意味から考えて、「it（事件）が動く力を失う」つまり「捜査が頓挫する」という感じの意味だとなんとなく推測でき、それはまちがっていません。ただ、その読み方だと、of の説明がどうしてもつかないのです。

あらためて辞書を引くと、expire には文語として「死ぬ、息絶える」の意味があり、inertia には医学用語として「無力症」の意味があります。となると、この of

は He died of cancer. などと同じように「原因」を表す
と考えるのが最も合理的です。

《訳例》

　　教授は小声で笑った。「わたしがきみだったら、この
事件はきれいさっぱり忘れることにするね。のんびりと
『イーリアス』でも読む。あるいは、同じくらい上等な
文学作品の英雄譚をね。きみはヴォーンと同じ丸木舟を
漕いでいる。ちがいは、沈没しかかっているという事実
を前にして、きみのほうがお上品だというだけだ」

　　エラリイは鼻を鳴らして、煙草の吸い殻を草むらへは
じき飛ばした。

　　エラリイは悔しい思いをしていた。それ以上に心配し
ていた。論理的解決を自分の頭でひねり出せないことは
もちろんだが、この事件が無力症に陥って息絶えたも同
然であることのほうが、その倍は気がかりだった。

　角川文庫版の表紙に載っているヤードリー教授は、あ
の大統領にそっくりですね。作中に「エイブラハム・リ
ンカーンに驚くほどよく似た」と書かれているので、あ
あいう絵となっています。

　角川文庫の「国名シリーズプラスワン」10作の表紙は、
美男子のエラリイを鮮烈に描いたものばかりだったので、
刊行時には賛否両論が沸き起こりましたが、このシリー
ズを「表紙買い」してくれた人は実に多く、これが新し
い読者の開拓に貢献したのはまちがいありません。

　クイーンの全作を通して、エラリイの身体的特徴につ
いての描写はほとんどないのですが、イラストの竹中さ
んが描いてくれたエラリイは初期作品の生意気な青年探
偵の肖像そのものだと思います。

　竹中さんとは、ときに編集者を通して、ときに直接の
やりとりで、次作ではどんなエラリイで行くかを相談し
ました。わたしからは、「『アメリカ銃』ではぜひヴェ
リー部長刑事を」「ジューナを2回出したんだから、最
後の『中途の家』は2回目のクイーン警視しかありませ
ん」などとお願いしました。『シャム双子』のトランプ
も、『スペイン岬』の愛車デューセンバーグも、こちら
の提案が採用された例です。中には不採用だったものも
あり、実は『エジプト十字架』でわたしが提案したのは
「プールサイドのエラリイ」でしたが、さすがに全裸に
近いエラリイを載せるのはいかがなものかということに
なり、編集部で却下されました。残念無念。

3番目の首なし死体が現れ、犯行現場に来たヴォーン警視が犯人の行動を推察して、地方検事に状況を説明している場面です。

Vaughn pointed out the ax and shears; and then indicated a large opaque bottle lying on the floor near the spot where he had found the bandage, a bottle of dark blue glass without a label. It was almost empty; most of its contents stained the floor brown where it lay, and its cork 5 had bounced a few feet away. Nearby lay a roll of bandage, partly unwound.

"Iodine," said Vaughn. "That tells the whole story. He got it from that medicine shelf over there when he cut himself. Left the bottle on the table and later upset it by 10 accident, or just threw it on the floor — he should give a damn. It's thick glass, and didn't break."

1 ax　斧
1 shears　（大きい）はさみ
5 cork　コルク栓
8 iodine　ヨードチンキ
11 give a damn　気にする、関心を持つ

① 1行目と4行目のセミコロン（;）は、それぞれどんな役割を持っているでしょうか。
② 2行目の opaque は「不透明」とも「半透明」とも訳せますが、どちらがいいでしょうか。その理由も含めて

考えてください。

③ 6行目に Nearby とありますが、どこの近くでしょうか。

④ 8行目の That は何を指しているでしょうか。

⑤ 11行目の he should give a damn を、この文脈に合う日本語にしてください。

《解答・解説》

① 1行目は直後が and then なので、「そして」の意味を強めている。4行目は because の意味が含まれていると考えられるが、「そして」と読めなくもない。

　1行目は直後が and then ですから、セミコロンは「そして」の意味を強めています。かわりにカンマを入れたとしても文法的には問題ありません。セミコロンを使うことによって、少し大きな切れ目となり、前後の動作のあいだに一瞬の間が感じられることになります。

　4行目では、まず「瓶がほぼ空である（It was almost empty）」と言ったあとで、「その中身のほとんどが床を茶色に染めている（most of its contents stained the floor brown where it lay）」と言っています。この個所に関しては、ほぼ空であると判断しうる根拠があとに示されているとも読めますし、「そして」でつながっているとも読めます。

　ここをどう読むかはつぎの②の問題と密接にかかわっています。

② どちらでもいいが、中身が「完全に見える」のか「よく見えない」のかは、このあとの記述と密接にかか

わっている。

　実は、この部分はつぎの**6**（ネタバレ問題）の伏線となる重要な個所なので、注意深く訳語を選ぶ必要があります。結論から言うと、どちらでも筋は通ります。LDOCE で調べると、opaque glass or liquid is difficult to see through（透かしてみるのがむずかしい）とあるので、「半透明」と「不透明」のあいだぐらいと考えられます。綴りの似たオパール（opal）という宝石を思い出してみてください。

　この瓶は a bottle of dark blue glass だと 3 行目にありますが、「不透明」だとしたら、「ほぼ空」かどうかは外からわからないかもしれません。ただ、ここでは、①に書いたようにセミコロンの意味を because ととれば、「大量の茶色い液体が床にこぼれているから、（瓶の大きさから考えて）中身が残っているとは考えられない」と判断できるでしょう。

　一方、「半透明」だとしたら、これは「濃い青」のガラス瓶なので、外から見て中の液量はわかるでしょうが、液体の色までは判別しづらいでしょう。こちらの訳語で考えれば、セミコロンはむしろ and の意味に近いことになります。

　①②とも、結論としてはどちらの読み方・訳語でもいいのですが、判断するにあたってさまざまな要素を考慮する必要があります。**6**の問題でも、この点にもう少し言及します。

③「コルク栓のそば」だが、「ガラス瓶やコルク栓のそば」とも考えられる。

なんだか煮えきらない答ばかりですが、これもどちらとも断言できない気がします。ただ、4行目から6行目にかけての文で、and の前にカンマがありますから、カンマより前の部分（瓶の中身が床にこぼれているあたり）だけというのは考えにくく、カンマよりあとを受けるか、and で並べられた両方を受けるかのどちらかでしょう。

　現実には、ガラス瓶の場所とコルク栓の場所は数フィートしか離れていないのですから、そのふたつの意味に大差はありません。

④　ヨードチンキの瓶が前段落のような状態で落ちていたこと

　That が少し前の Iodine だけを指しているとしたら、何を言っているのかわかりません。この That はヨードチンキの瓶やコルク栓や包帯が落ちている状況全体を指していて、それを見れば何が起こったかの説明がつくと言っているのです。

⑤　犯人としてはどうでもよかった

　注にも書いたとおり、give a damn は「気にする、関心を持つ」という意味の決まり文句ですが、ふつうは否定文として He didn't give a damn.（彼はまったく気にしなかった）のように使います。ここでの should のついた形は、過去の話をしているのですから、本来なら should have given a damn とでも言うべきところでしょうが、目の前に犯人がいるかのように話しているので、should だけにしたのでしょう。「気にすべきだ」と訳

してもいいのですが、むしろ裏返しにして「気にしていない」と言うほうがわかりやすいです。

《訳例》

　ヴォーンが斧とはさみを指さした。それから、先ほど包帯を見つけた場所のそばに、大きくて不透明なガラス瓶が転がっているのを示す。色は濃い青で、ラベルは貼られていない。中身はほぼ空だった。ほとんどはこぼれて、瓶が転がっていた床に褐色の染みを作り、コルク栓は数フィート先まで飛んでいた。そのそばに、少しほどけたひと巻きの包帯が落ちていた。

「ヨードチンキですよ」ヴォーンは言った。「これで一部始終がわかります。やつは怪我をして、あちらの薬品棚からこれをとってきたのです。瓶をテーブルに置いて、のちにうっかりひっくり返したか、あるいはただ床へほうり投げたのでしょう——まあ、やつとしてはどうなろうとかまいません。ガラスが厚いから割れなかったのですね」

これまで何度も「国名シリーズ」と書いてきましたが、その呼称は日本での翻訳刊行時につけられたもので、クイーンみずからそう呼んでいたわけではありません。どの作品を国名シリーズと見なすかに関しては、以前からさまざまな議論がありました。

第1作『ローマ帽子』から第9作『スペイン岬』については、そもそもローマは国名ではないとか、第7作のシャムも微妙だとか、細かいことを言えばきりがありませんが、この9作を含めることにはほとんど異論はありません。重要なのは、第10作『中途の家』（原題 *Halfway House*）と第11作『ニッポン樫鳥』（原題 *The Door Between*）をどう扱うかです。

これについては、終盤に「読者への挑戦状」がついているのは『中途の家』までであること、『ニッポン樫鳥』の原題には国名が含まれないことの2点をおもな理由として、角川文庫の新訳では、原著刊行順の10作目『中途の家』までを訳し、『ニッポン樫鳥』の訳出は見送るということに決まりました。ただ、『中途の家』はどう見ても「国名」ではないので、シリーズ名は「国名シリーズプラスワン」としています。

実を言うと、わたしは以前からずっと、その2作の原題が対になっている気がしてなりません。そんなこともあって、セットにするためにいずれ『ニッポン樫鳥』の新訳に取り組む可能性もあるのですが、その場合、新たな邦題やシリーズ名をどんなふうに決めたらいいのか――まだ結論を出していません。

6

　犯行現場に落ちていたヨードチンキの瓶の状態を思い出しながら、エラリイが犯人特定の決定的な手がかりを指摘する場面です。5行目の They はその場にいる一同です。

Ellery brandished the smoking cigaret. "But observe what a significant fact has been brought out! For if the murderer used the iodine, what have we? It should be child's play now. Don't you see it yet, any of you?"

They tried very hard, from their scowls and finger-gnawings and looks of deep concentration; but in the end they shook their heads.

Ellery sank back. "I suppose it's one of those things. To me it seems extraordinarily clear. What were the two characteristics of the iodine-bottle, peculiar to that bottle itself, which the murderer had left on the floor? First: it was of opaque blue glass. Second: it bore no label.

"Then how did the murderer know it contained iodine?"

1 brandish　振りまわす
4 child's play　児戯、きわめて簡単なこと
5 scowl　しかめ面
6 gnaw　嚙む
8 one of those things　よくあること、たやすいこと

① 1行目の observe は、ここではどういう意味でしょうか。

② 2行目の For はどんな働きをしているでしょうか。

③ 5行目の They から concentration; までの文を、from の働きに注意して日本語にしてください。

④ 12行目の opaque の訳語をあらためて考えてください。

⑤ 最終文のイタリック体を訳文に生かすにはどうすればいいでしょうか。

《解答・解説》

① 「よく考える」「見落とさない」など

observe には「観察する」という訳語がよく知られていますが、ここではうまくあてはまりません。observe は「観察に基づいて考える」や、ときには「観察に基づいて発言する」という意味までも含む広い範囲で用いられることばです。ここでは、エラリイが周囲の人たちに対して、持ちあがった重要な事実についてよく考えろ、あるいはその事実を見逃すな、などと言っていると考えるのがぴったりです。

② 理由や「判断の根拠」を表す等位接続詞。「というのも〜だから」などと訳すことが多いが、ここは何も訳さないほうがよい。

for は前置詞である場合が多いのですが、Linda must be ill, for she looks pale.（リンダは病気にちがいない。顔色が悪いから）のように、前に書かれていることの理由（特に判断の根拠）を表す用法もあります。for の前後を一文でつなげることもあれば、文が切れて大文字で

はじまることもあります。

　理由を表す従属接続詞の because や since とはちがっ
て、but などと同じ等位接続詞なので、for の前後の節
を入れ替えた文を作ることはできません。

　　○ Linda must be ill, for she looks pale.
　　○ Linda must be ill. For she looks pale.
　　× For she looks pale, Linda must be ill.

　この for はあとから根拠を言い添えることばであり、
単に情報を付け加えるだけの役割に近いことも少なくあ
りません。このエラリイのことばも、おそらく根拠を語
ろうとして最初に For と言ったものの、途中から疑問文
になってしまったので、根拠の意味合いが薄れて For が
浮いてしまったと考えられます。こういうときは特に訳
す必要はありません。

③ 眉をひそめ、爪を嚙み、真剣な面持ちをしている様
子から、だれもが懸命に考えているのが見てとれた。
　この from は、一見 tried very hard の具体的内容を並
べようとしているかのように感じられますが、そのあと
に書かれている3つのことは、どれも「懸命に考えてい
ることを示す身体上のサイン」と見なしたほうが筋が通
ります。となると、この from は judging from（〜から
判断して）の judging が省略された形と考えるのがいい
でしょう。
　訳例には、「〜様子から〜のが見てとれた」と補いま
した。

④ **不透明、半透明のどちらもありうる。**

 5でもふれたとおり、ここで最も重要なのは「瓶の中身がよく見えず、ヨードチンキだとわかるはずがないこと」です。その意味で、「不透明」なら問題ありませんが、「半透明」だとしても、blue ですから（**5**には dark blue とありました）、茶色のヨードチンキがはいっていても識別は不可能と言っていいでしょう。

 というわけで、訳語はどちらでも OK ですが、上記のことをよく考慮したうえで選ぶ必要があります。こういうところがミステリ翻訳のおもしろさであり、恐ろしさでもあります。

⑤ **ここは一文すべてに傍点を打つべきです。**

 イタリック体が用いられる理由はいくつかありますが、強調の意味がこめられている場合が多いです。訳出にあたっては、書体を変更するなどの処理よりも傍点を打つほうが一般的です。

 ただ、強調ならなんでも傍点を打てばよいわけではなく、語順を変えたりことばを補ったりしたほうがはっきりニュアンスが伝わる場合も少なくありません。また、英語のイタリックに比べて日本語の傍点はずっと目立つので、イタリックの個所をすべて傍点にするとうるさい感じになります。だから、はっきり強調すべき個所ではどんどん傍点を使うべきですが、そうでない個所では控えめにして、めりはりをつけたほうが、謎解きのほんとうに重要な個所の傍点が引き立つことになります。

 エラリイ・クイーンは特に謎解き部分でイタリックに

よる強調を多用する作家であり、読者に楽しんでもらうためにも、謎解き以外の個所での傍点はやや控えめにし、この最終行など、犯人特定に直結するような個所では思いっきり目立たせるのがよいと思います。

《訳例》

　エラリイは煙の立ちのぼる煙草をひと振りした。「しかし、そこに浮かびあがったなんとも重要な事実を見逃さないでくださいよ！　犯人がヨードチンキを使ったとすれば、ぼくたちにわかることはなんですか？　あとはもう造作もないことですよ。まだどなたもわかりませんか？」

　眉をひそめ、爪を嚙み、真剣な面持ちをしている様子から、だれもが懸命に考えているのが見てとれた。しかし最後には首を左右に振るだけだった。

　エラリイは椅子に深くすわりなおした。「取り立てて珍しいことじゃありませんけどね。ぼくから見れば一目瞭然ですよ。犯人が床に転がしていったヨードチンキの瓶の、あの瓶そのものに見られるふたつの特徴はなんだったでしょう？　第一に、あれは不透明な青色のガラスでできていました。第二に、ラベルが貼られていませんでした。

　それなのに、犯人はなぜ、あの瓶のなかにヨードチンキがはいっていると知りえたんでしょう？」

………●《『エジプト十字架の秘密』こぼれ話6》●………

この作品では、パイプやチェッカーの駒、そしてヨードチンキなどのちょっとした小道具を推理に結びつけていく巧みな技巧が用いられています。特にヨードチンキの使い方は、単純なのに心理の盲点をみごとに突いていて、ディクスン・カーの某有名作品と並ぶ強い印象を残します。

また、首なし死体（顔のない死体）が登場すれば、読者はある種の予想を立てて読んでいくのが常ですが、この作品はその予想を何度も覆される驚きと楽しみに満ちています。

クイーン作品を未読である人から、どれを最初に読んだらいいですかと尋ねられることがよくあります。レーン四部作やライツヴィル・シリーズについては、書かれた順に読むのがいいに決まっていますが、国名シリーズはその順にこだわる必要はなく、閉ざされた空間で話が進行する（「クローズド・サークル」と呼ばれることもある）『シャム双子の秘密』か、ほどよい長さで舞台の移動やサプライズの多いこの作品をわたしはたいがい勧めています。

★★ここまでネタバレ★★

第3章

『災厄の町』
（1942年）

Calamity Town

あらすじ・概略

　小説を執筆するために田舎町のライツヴィルを訪れた
エラリイは、町いちばんの旧家ライト家の離れに滞在す
ることになる。そこは3年前にライト家の次女ノーラと
婚約者ジムの新居として建てられた家だった。結婚式の
前日にジムが行方をくらまして以来、その家は住む人も
なく放置され、ノーラは悲嘆に暮れる日々を送っていた。

　ところがある日、突如としてジムが町に舞いもどった。
晴れて夫婦となったふたりのために、エラリイはその家
を明け渡してライト家の母屋に移り住む。幸せな新婚生
活をはじめたかに見えた若夫婦だったが、まもなくノー
ラがジムの荷物のなかに「妻の死」をほのめかす3通の
手紙と毒物学の本を見つけたことから、不穏な空気がラ
イト家を覆いはじめる。飲んだくれては妻に金を無心す
るようになるジム。毎日のように繰り返される夫婦喧嘩。
ふたりの家に長逗留する、ジムの姉ローズマリー。ノー
ラの身を案じたライト家の末娘パットとともに、エラリ
イは警戒をつづけるが、大晦日のパーティーで毒殺事件
が起こる。だが、死んだのはノーラではなかった。

　やがてジムが逮捕されると、それまで町の創設者一族
として尊敬を集めていたライト家は口さがない人々の噂
の的となり、ライツヴィルの町全体が一家に非難の矛先
を向ける。一家はなんとかジムを救おうと悪戦苦闘する
が、何も語ろうとしないジムを前に、さすがのエラリイ
も打つ手がない。ほんとうにジムが犯人なのか。それと
も、この事件には何か大きな秘密が隠されているのか。
そして、さらに大きな悲劇が起こり、エラリイの明晰な
頭脳が導きだした推理とは……。

中期作品『災厄の町』では、幾多の難事件を経て大人になったエラリイの人間としての深みが感じられ、それが本作の大きな魅力となっている。エラリイだけでなくライト家の人々を中心とする登場人物全員が、そして真の主役とも呼ぶべき架空の町ライツヴィルが生き生きとていねいに描かれて、謎に満ちた物語をつむいでいく。

　なかなか殺人事件が起こらない、奇抜なトリックや「読者への挑戦状」がないなど、初期の国名シリーズなどとは大きく趣を異にする本作で、かつての純粋に推理を楽しむ謎解き小説から、人間とその心理を描く文学作品への移行をクイーンはめざし、みごとに成功している。とはいえ、結末には驚きの真実が待ち受け、すべての伏線をしっかり回収するエラリイの鮮やかな推理も健在で、クイーンの最高傑作と呼ばれることも少なくない。

　この町に大きな愛着を覚えたクイーンは、その後もライツヴィルを舞台とした傑作を書きつづけ、ほかに長篇5作（『フォックス家の殺人』『十日間の不思議』『ダブル・ダブル』『帝王死す』『最後の女』）と、短篇をいくつか生み出している。ライツヴィルでのエラリイは失敗と挫折を繰り返し、とりわけ『十日間の不思議』で心に大きな痛手を負って、探偵廃業も考えるが、その後の『九尾の猫』（ニューヨークが舞台）で再生していく。ぜひ、これらの中期作品も読んでもらいたい。

エラリイ・クイーン氏がはじめてライツヴィルの町を訪れたときの描写です。

At the horse trough in the center of the Square, Mr. Queen paused to admire Founder Wright. Founder Wright had once been a bronze, but he now looked mossy, and the stone trough on which he stood had obviously been unused for years. There were crusty bird 5 droppings on the Founder's Yankee nose. Words on a plaque said that Jezreel Wright had founded Wrightsville when it was an abandoned Indian site, in the Year of Our Lord 1701, had tilled the land, started a farm, and prospered. The chaste windows of the Wrightsville 10 National Bank, *John F. Wright, Pres.*, smiled at Mr. Queen from across the Square, and Mr. Queen smiled back: O Pioneers!

1 trough　飼葉桶、水入れ

2 Founder　（町の）創設者

6 Yankee　ニューイングランド（アメリカ北東部）の人々。ライツヴィルはその地域にある架空の町。

7 plaque　銘板

8 Year of Our Lord　西暦

9 till　耕す

10 chaste　質素な、上品な

11 Pres.　president の略

12 O Pioneers　1913年に出版された本のタイトルだが、ここは文

字どおりの意味と考えてよい。

① 第1文と第2文を読んで、trough にはどんな訳語を
あてるといいでしょうか。
② 3行目の bronze は、ここではどんな意味でしょうか。
③ 7行目の Jezreel をカタカナ表記してください。
④ 10行目の prospered はどう訳せばいいでしょうか。
⑤ 11行目の *John F. Wright, Pres.* がイタリック体になっ
ている理由はなんでしょうか。

《解答・解説》

① 「（馬用の）水飲み場」「水盤」など

　たいがいの英和辞典には、trough の意味として最初
に「飼葉桶」が載っていますが、飼葉というのは馬や牛
の餌なので、そんなものを入れる桶（ふつうは木ででき
ている）が銅像の下に常置されているとは考えにくいで
す。1行目の horse trough、4行目の stone trough から
考えて、これは銅像の下に馬が来たときに休める場所で
しょうから、中にはいっているのは水で、形状としては
ある程度ひろがりのある水盤などだと推測できます。

② ブロンズ（青銅）色のもの

　英文をそのまま訳せば「かつてはブロンズだったが」
となりますが、日時が経過して材質が変わるはずがない
ので、ここは色を表していると考えるのが自然です（も
っとも、実際にブロンズだったのかもしれません）。こ
れは gold や silver についても同じで、本物の金銀を表
しているのか、金色・銀色を表しているのかは文脈だ

いであり、どちらなのかわからないことも多いです。

　つづく mossy についても、本物の苔が生えているのか、苔のような色なのかがはっきりしませんが、こちらは looked という動詞を使っているので、いずれにせよ見かけが緑色なのはまちがいありません。ライツヴィル・シリーズ第4弾の『ダブル・ダブル』には、この銅像が limy（ライム色）だと記されています。

③ ジェズリール（ジェズリエル）

　素直に英語読みすれば上記のようになり、それで問題ありません。一部の辞書には「イズレエル」と載っていますが、それは聖書などに登場するイスラエル北部の地名であり、英語読みではないので、アメリカの作品に登場する人物の名前としては考えにくいです。

④ **繁栄させた（あるいは、成功した、など）**

　prosper は通常は自動詞ですから、ふつうに考えれば「（自分が）繁栄する」でしょうが、ここは had tilled the land, started a farm とライツヴィルの町の話をしている個所のつづきなので、最後だけ本人の話にもどるのは違和感があります。辞書を引くと、やや古い用法として他動詞の意味（繁栄させる）もあるようなので、ここはその名残で目的語（「町を」）が省略されているのでしょう。

　あるいは、本人も町もいっしょに栄えたという感じなのかもしれません。その場合、自動詞のまま訳してもまちがいではありませんが、「繁栄した」よりもやや控えめな「成功した」あたりが適訳である気がします。

⑤ **銀行の窓にそのように記されていたから。**

　イタリック体の用法はいろいろありますが、ここは the Wrightsville National Bank の直後にそのまま並べられているので、銀行の頭取が John F. Wright であるという事実を強調しているとは考えにくいです。最も可能性が高いのは、銀行の窓に（あるいは外壁に）the Wrightsville National Bank, *John F. Wright, Pres.* と記されている場合であり、銀行名と頭取名の書体がちがうものだとしても不思議はありません。

　なお、National Bank というのは連邦政府の認可を受けた商業銀行なので、カタカナを使わずに訳すのであれば、厳密には「国立銀行」ではなく「国法銀行」とするのが定訳です。

《訳例》

　クイーン氏は広場の中央にある馬の水飲み場で足を止め、町の創設者ライト氏の像を見やった。その像はかつては青銅色をしていたが、いまでは苔に覆われたように見え、土台にあたる石造りの水飲み場も長らく使われていないようだ。いかにもニューイングランド人らしい鼻には鳥の糞がこびりついていた。銘板には、ジェズリール・ライトは一七〇一年、先住民が放棄したこの地にライツヴィルの町の礎を造り、土地を耕し、農地を拓き、やがて繁栄させたとある。広場の向こうには、頭取ジョン・F・ライトの名を掲げたライツヴィル・ナショナル銀行があり、上品に並んだ窓が微笑みかけていたので、クイーン氏は微笑み返した。おお、開拓者たちよ！

　ライツヴィルの町の地図は、本国版ではシリーズ第4作『ダブル・ダブル』に付されているのですが、日本では『災厄の町』からずっとついているので、町への愛着がいっそう湧きます。エラリイ自身もまた、魅入られたかのようにこの町を再三再四訪れることになります。

　1の文章に登場した広場も、毎回少しずつ異なる風景で描かれます。この広場は円形なのですが、そのことについては毎作のように in the Square, which is round,（『フォックス家の殺人』）という感じで説明されます。これは square に「広場」と「正方形」というふたつの意味があることを生かした、ちょっとしたことば遊びなので、「正方形ではなく円形の広場」のように訳しています。

　わたしは全国の翻訳ミステリー読書会に参加していて、そのなかのひとつ、福島読書会はたいがい二本松市で開催されています。そこで『災厄の町』をはじめとする中期四部作の読書会をおこなったとき、配布された二本松市中心部の特製地図を見て、参加者一同は驚きました。ライツヴィルの地図にある数々の店や建物が、ことごとく同じような感じで二本松の町にも並んでいるのです。二本松は東北のライツヴィルである、という結論に一同は納得しましたが、どこかに実在してもおかしくないほどの真実味を具えた町だとも言えるでしょう。

　もちろん、わたしはライツヴィルも二本松も同じくらい大好きです。

不動産業者のJ・CがエラリイをライトＥ夫妻に寄宿人候補としてライト夫妻に紹介している場面です。エラリイはスミスという苗字を名乗っています。

"John, this is Mr. Ellery Smith. He's looking to rent a furnished house," said J.C. nervously. "Mr. Wright, Mrs. Wright, Mr. Smith. A-hrmm!"

John F. said in his reedy voice that he was mighty proud to meet Mr. Smith, and Hermy held out her hand at 5 arm's length with a sweet "How do you do, Mr. Smith," but Mr. "Smith" saw the iced gleam in Hermy's pretty blue eyes and decided that in this instance, too, the female was deadlier than the male. So he was most gallant with her. Hermy unbent a little at that and poked her 10 slender lady's fingers in her sleek gray hair, the way she always did when she was pleased, or fussed, or both.

2 furnish　家具を備えつける

4 reedy　甲高い、はっきりとした

7 gleam　きらめき

9 gallant　親切な、丁重な

10 unbent　unbend（心身を休める）の過去形

12 fussed　そわそわしている

① 2行目の Mr. Wright, Mrs. Wright, Mr. Smith. はだれにだれを紹介しているのでしょうか。

② 4行目の mighty の品詞は何でしょうか。

③ 5行目の held out her hand at arm's length はどんな動作でしょうか。

④ この文章には Smith が5回出てきますが、7行目の Smith だけに引用符がついているのはなぜでしょうか。

⑤ 9行目の deadlier はここではどんな意味でしょうか。

《解答・解説》

① スミス氏（エラリイ）にライト夫妻（ジョンとハーミー）を紹介している。

　苗字が3つ並んでいるだけなのでわかりにくいですが、1行目の John, this is Mr. Ellery Smith. で明らかにジョンにスミス氏を紹介していますから、一度ことばを切ったあとは、逆にスミス氏にライト夫妻を紹介しているはずです。

② 副詞

　mighty はふつうなら形容詞で、副詞の形は ly がついて mightily となりますが、ここでは形容詞 proud の前について、明らかに後ろにかかる働きをしていますから、副詞の役割を果たしています。辞書にも、口語表現として、「とても、非常に」などの意味の副詞でも載っていることが多いです。形容詞がそのままの形で副詞として使われることは、口語ではよくあります。日本語の会話で「すごく大きい」のことを「すごい大きい」などと言ったりするのと似ていますね。

③ 腕の長さのぶんだけ離れたまま手を差し出す。

　つまり、ある程度の距離をとって挨拶しているという

ことです。発することばは親しげですが、得体の知れないスミスなる男に対して、完全には警戒を解いていないのがわかります。

④ **実際にはスミスではなくクイーンであることを確認するため。**

5つの Smith をよく見てみると、1番目と2番目と4番目は会話のなかであり、3番目はジョンが口にしたことばとして、that 節のなかに記されています。5番目の Smith だけが完全な地の文で、ここだけは物語の書き手の意思を反映できるので、実はスミスではないことをさりげなくにおわせています。ほかの個所は、どれもほんとうにスミスだと思いこんでいる人の意識を反映していますから、引用符をつけることはできません。

⑤ **辛辣な、手きびしい**

さすがに「致命的な」では言いすぎですが、「相手を殺しかねないほど辛辣な」という感じでしょう。ジョンはスミス氏を手放しで歓迎しているのに対し、ハーミーはまだ完全には受け入れていません。The female is (are) deadlier than the male. というのは、半ば慣用表現として使われることがあります。

《訳例》

「ジョン、こちらはエラリイ・スミスさん。家具つきの貸し家をさがしておいでです」J・C は緊張気味に言った。「ライトご夫妻です、スミスさん。こほん」
　ジョン・F はスミス氏に会えて非常に光栄だと高い声

で告げ、ハーミーは少し離れたまま手を差し出して「はじめまして、スミスさん」と柔らかく言ったが、その愛らしい青い目に冷ややかなきらめきを見てとった"スミス"氏は、この家でも男ではなく女のほうが容赦ないと悟った。そのため、夫人に対してはこの上なく慇懃(いんぎん)にふるまった。するとハーミーはいくぶん気をゆるめ、淑女然とした細い指を白髪交じりのつややかな髪に走らせた。それはうれしいときにも、気を揉んでいるときにも、その両方のときにも変わらず見せるしぐさだった。

　エラリイの年齢については作中にはっきり書かれては
いませんし、また、刊行年に合わせてそのぶんだけ歳を
とったとは言いきれないので、正確なところはわかりま
せんが、『ローマ帽子の秘密』（1929年）から『災厄
の町』（1942年）まで10年余りあることを考えると、
30代半ば以上にはなっていると推察できます。生意気
なエラリイもずいぶん大人になり、周囲への心づかいと
やさしさが随所で見られます。

　2の文章に登場したライト家の母親 Hermy（ハーミ
ー）の正式な名前は Hermione です。旧訳では「ハーミ
オン」と表記されていましたが、新訳ではより原音に近
い「ハーマイオニー」としました。そのほうが正確な表
記なのですが、『ハリー・ポッター』のシリーズに同名
の少女が登場するせいで、老夫人の名前がハーマイオニ
ーなのは違和感があると言ってきた人が何人もいて、困
ってしまいました（その少女にせよエマ・ワトソンにせ
よ、いつまでも歳をとらないわけではないのですが）。

　新訳で名前の表記を変えたもうひとつの重要な例がジ
ムの苗字（Haight）で、旧訳の「ハイト」から「ヘイ
ト」に変更しました。これは、いくつかの辞書でその読
みを採用していることのほか、作中でジムに好意的な新
聞記者ロバータ・ロバーツが一部の町民を the Jim-
haighters（ジム排斥派、「憎悪」の意味の hate と掛け
ている）と呼んだことに基づいています。

エラリイ・"スミス"という作家がライト家の離れ家に引っ越してきたという噂がライツヴィルの町に広まっていきます。the Hill は市内の地名です。

Mr. Ellery "Smith" was a sensation with the *haut monde* on the Hill and the local intelligentsia: Miss Aikin, the Librarian, who had studied Greek; Mrs. Holmes, who taught Comparative Lit at Wrightsville High; and, of course, Emmeline DuPré, known to the irreverent as the "Town Crier," who was nevertheless envied by young and old for having the miraculous good fortune to be *his neighbor*. Emmy DuPré's house was on Ellery's other side. 5

Automobile traffic suddenly increased on the Hill. Interest became so hydra-headed that Ellery would have been unmoved if the Wrightsville Omnibus Company had started running a sightseeing bus to his door. 10

1 *haut monde* 上流社会（もとはフランス語）

2 intelligentsia 知識階級（の人々）

4 Comparative Lit 比較文学。Lit は literature の略。

5 irreverent 不敬な、非礼な

11 hydra ヒドラ（九頭の大蛇）

12 omnibus 乗合バス

① 2行目から4行目にかけて、コロン（:）ひとつとセミコロン（;）ふたつが使われています。それぞれの記

号の表す意味を言ってください。

② 5行目の known to the irreverent as the "Town Crier," を日本語にしてください。

③ 6行目に envied とありますが、なぜうらやましがられたのでしょうか。

④ 8行目の on Ellery's other side には2通りの意味が考えられます。両方答えてください。なお、どちらの場合も Ellery's は「エラリイの家の」という意味です。

⑤ 11行目からの最後の1文を日本語にしてください。

《解答・解説》

① コロンはそのあとに具体例を並べるしるし。セミコロンは、ここでは3人の名前を並列するにあたって、カンマ（,）よりも大きな切れ目であることを示すしるし。

　これまで何度か書いたとおり、ピリオド＞コロン＞セミコロン＞カンマの順に大きな切れ目を表します。

　コロンは「すなわち」の意味を内包して、あとに具体例を従えることが多いです。

　一方、セミコロンは『Ｙの悲劇』②④や⑤③、『エジプト十字架の秘密』⑤①のように接続詞の代用となることもありますが、この個所のように、カンマばかりがつづくとどれとどれが並んでいるのかわかりにくいときに、より大きな切れ目を表す目印として使う場合もあります。仮に3行目と4行目のセミコロンをカンマに変えたら、ひどく読みにくくなるでしょう。

② 口さがない面々のあいだで "町の広報係" として知られている

どういうわけか、翻訳クラス生の半数ぐらいが known to the irreverent を「不敬なことで知られる」などと訳していましたが、そういう意味ではありません。

　まず、the irreverent は、the + 形容詞で「その属性を持つ複数の人々」を表す形です。the rich（裕福な人たち）や the young（若者たち）などがよく見られる言いまわしです。

　それにつづく (be) known to と (be) known as は、それぞれ「〜に知られる」「〜として知られる」という意味で頻出の形ですから、その形にあてはめて「不敬な人たちに "Town Crier" として知られる」と考えればいいのです。

　"Town Crier" は、単独ではわかりにくいかもしれませんが、前後の文脈から考えて、噂好きの人だと想像できるでしょうから、crier の訳語としては「ふれまわる人」などが考えられます。このエミリーン・デュプレはライツヴィル・シリーズのほかの作品にも重要な役どころで登場し、かなり滑稽に描かれているので、ここでは揶揄するニュアンスの強い「広報係」という訳語をあてました。

③ エラリイ・スミス氏の隣人になるという僥倖に恵まれたから
　田舎町ライツヴィルでは、作家が移り住んだというだけでみなの注目の的になりました。その作家の隣人になったのですから、うらやましがられるのは当然です。

④ エラリイの家の向かい（反対側）

エラリイの家から見て、ライト家とは反対側の隣

第一に、「エラリイから見ての反対側（向かい）」という意味が考えられ、ここだけ見ればそれが自然な読み方です。

もうひとつは、もともとエラリイの家はライト家の離れ家なので、ライト家の母屋は Ellery's one side ということになり、たとえばそれが右隣なら、反対側の左隣が the other side ですから、on Ellery's other side は「ライト家とは反対側の隣」だと考えることもできます。ただし、その場合は直前に母屋の話をしているのがふつうであり、だからこちらの可能性は低いのですが、この読み方もまちがいではありません。

どちらの場合でも、エミリーン・デュプレの家はエラリイの家に隣接していることに変わりはなく、羨望されるというのも同じです。

⑤ 人々の関心も九頭の大蛇のごとく無限にひろがっていたため、ライツヴィル乗合バス会社が家の前まで観光バスの運行をはじめたとしても、エラリイは驚かなかっただろう。

まず、Interest became so hydra-headed は、「（人々の）関心が九頭の大蛇のごとく大きくひろがっていった」ということ。「興味・関心」の意味の interest は抽象名詞なので、無冠詞・単数形です。

so...that... のあとは典型的な過去完了の形となっています。ここで注意すべき単語は unmoved で、これは「（物理的に）移動しない」という意味で使われるよりも「（心が）動かされない」という意味であることのほ

うが多いことばです。

　そのあとの if 節は、素直に読めば「ライツヴィル乗
合バス会社が家の前まで観光バスの運行をはじめたら」
となりますが、ふつうはそんなことがあったら心を動か
されるはずですから、つじつまが合いません。if 節の前
後で話がつながらないと感じるときは、if のかわりに
even if を入れて「〜だとしても」と考えるとうまく
いくことがあり、ここもそうすると「そんなことがあって
も心を動かされない」となって、しっかり筋が通ります。

《訳例》

　エラリイ・"スミス" 氏は〈ヒル〉の上流社会と町の
知識層のあいだに大騒ぎを巻き起こした。かつてギリシ
ア語を学んだ図書館長ミス・エイキン、ライツヴィル高
校で比較文学を教えているホームズ夫人、そしてもちろ
ん、口さがない面々のあいだで "町の広報係" として知
られているエミリーン・デュプレも。それでもエミリ
ーンは、スミス氏の隣人になるという僥倖に恵まれて、
老若問わず羨望の的となった。エミー・デュプレの家は
エラリイの家の向かいにあった。

　〈ヒル〉では急に自動車の通行量が増えた。人々の関心
も九頭の大蛇のごとく無限にひろがっていたため、ライ
ツヴィル乗合バス会社が家の前まで観光バスの運行をは
じめたとしても、エラリイは驚かなかっただろう。

　ライツヴィル・シリーズの魅力のひとつは、個性豊かな町の人たちが繰り返し登場することです。ひとりひとりとの再会を喜ぶエラリイの姿がなんとも微笑ましく、こんな善良な人たちばかりの町でなぜ何度も悲惨な事件が起こるのかと疑ってしまうほどです。

　3の文章に登場したなかでは、ミス・エイキンとエミリーン・デュプレのゴシップ好きコンビが愛すべき常連の筆頭的存在であり、②の解説にも書いたとおり、ある作品では重要な役割を演じます。

　もうひとり、『災厄の町』に登場する脇役で忘れてはいけないのが、全篇で飲んだくれてぶつぶつ言っているアンダーソン老人です。アンダーソンは『ダブル・ダブル』で The Town Drunk（町の飲んだくれ）として登場し、その娘リーマとエラリイが、失踪したアンダーソンの行方を追いつづけます。この作品には、ほかに The Town Hermit（町の隠者）、The Town Philosopher（町の哲人）、The Town Thief（町の泥棒）なども登場します。

　そのほか、1作目に一瞬だけ登場した人物がのちに転職して再登場したり、名前に記憶があると思ったら前作に登場した人物の息子だったり、隅々までを楽しめるシリーズです。

　ライト家の次女ノーラとジム・ヘイトが結婚し、しばらくうまくやっていたものの、ジムの姉ローズマリーがライツヴィルにやってきて、長居をするようになってから、ジムの行動がおかしくなっていきます。パットはノーラの妹です。

　But most of all it was watching Jim and Nora without seeming to that occupied Ellery's time. Things were growing worse in the Haight household.

　For Jim and Nora no longer "got along." There were quarrels so bitter that their impassioned voices flew 5 through the November air all the way across the driveway to the Wright house through closed windows. Sometimes it was about Rosemary; sometimes it was about Jim's drinking; sometimes it was about money. Jim and Nora continued to put up a brave show before Nora's family, 10 but everyone knew what was going on.

　"Jim's got a new one," reported Pat to Ellery one evening. "He's gambling!"

5 impassioned　興奮した

① 第1文を日本語にしてください。
② 4行目の For ではじまる文を日本語にしてください。
③ 6行目の driveway にはどんな訳語をあてればいいでしょうか。
④ 7行目の closed windows はどの家の窓でしょうか。

⑤ 10行目のput up a brave showはどんな意味でしょうか。

《解答・解説》

① とはいえ、エラリイの時間を何よりも奪ったのは、それと知られることなくジムとノーラを観察することだった。

　いわゆる it... that... の強調構文（分裂文）であることは、多くの人が見抜けたと思います。without seeming to that... のところがやや読みにくいのですが、without seeming to までで切れていて、このあとに watching Jim and Nora が省略されていると考えられます。without seeming to の日本語訳としては、「それと知られることなく」「目立たずに」「さりげなく」など、watching Jim and Nora が省略されている含みが感じられるものであればなんでもいいと思います。

② ［というのも］ジムとノーラは、もはや"うまくやっている"とは言えなかった［からだ］。

　この For は等位接続詞で、前の文につづく形で「判断の根拠」を表しますから、「というのも～からだ」などとするのが定訳です。

　ただ、『エジプト十字架の秘密』**6**②にも書いたとおり、この for のあとには、付け足す形で根拠が示されるので、単に並列しているのに近い印象を受けることも少なくありません。この個所の場合、前の文で「ヘイト家の内情は少しずつ悪化していた」と言ったあと、「ジムとノーラは、もはや"うまくやっている"とは言えなかった」とつづけるのは、「悪化した」と判断した根拠で

はあるものの、前文の内容を少し具体的に述べただけで、「判断の根拠」と呼ぶのはちょっと大げさなので、「というのも〜からだ」を省いてかまいません。

③ 「私道」「小道」など

driveway は単に drive と呼ばれることも多く、辞書には私道、小道のほか、車道、車寄せ、車まわし、ドライブウェイなどの訳語が載っています。ここでは、ライト家の母屋とヘイト夫妻の住む離れ家のあいだを走る小道のことですから、私道や小道が適語でしょう。

「車道」というのは、歩道に対して車が走る道を指すことが多いので、ここではまぎらわしくて不適です。

「車まわし」や「車寄せ」は、ホテルなどの前にあるロータリーのたぐいを指すことが多く、やはりここでは適語とは言えません。

英語のまま「ドライブウェイ」と呼ぶのもまちがいではありませんが、日本ではカタカナの「ドライブウェイ」が各地の幹線道路や有料道路を指すことが多いので、あまりお勧めしません。カナダの英語では、その意味になることもあるようです。

④ ライト家の窓、またはライト家とヘイト家両方の窓

through closed windows は意味の上では5行目の flew にかかりますが、all the way across the driveway to the Wright house のあとに置かれているので、ライト家の窓だけを指していると感じられます。ただ、両家の窓と考える読み方もまちがいとは言えないでしょう。ヘイト家の窓だけと考えるのは強引すぎる読み方です。

⑤ **みごとな芝居をつづけていた**

　ここは、ジムとノーラの夫婦が、問題ないかのように装ったことを指しています。文字どおりに解釈して、「勇敢な見世物を演じる」でも大きな問題はありませんが、「みごとな」ぐらいのほうがこの文脈には合うでしょう。brave には古い用法として「華やかな」「きらびやかな」という意味もあり、その訳語でも文脈からはずれません。

　クラス生の訳では「気丈にふるまった」というのが散見されましたが、「気丈」は「元気がなくても当然なのに」というニュアンスのことばですから、「夫婦仲のよさをとりつくろった」という含みは表せません。

《訳例》

　とはいえ、エラリイの時間を何よりも奪ったのは、それと知られることなくジムとノーラを観察することだった。ヘイト家の内情は少しずつ悪化していた。

　ジムとノーラは、もはや"うまくやっている"とは言えなかった。口論はあまりに激しく、激高した声が十一月の空気を伝わり、私道を越えてライト邸の閉ざされた窓の奥にまで届いていた。ときにはローズマリーの件で、ときにはジムの飲酒のせいで、ときには金銭の問題で揉めていた。ふたりともノーラの家族の前ではみごとな芝居をつづけていたが、何が起こっているかはだれもが知っていた。

　「ジムが新たな火種を作ったそうよ」ある晩、パットがエラリイに告げた。「賭け事だって！」

『災厄の町』は、1979年に日本で野村芳太郎監督によって映画化され、〈配達されない三通の手紙〉というタイトルで公開されました。エラリイにぴったり相当する探偵役の人物は登場せず、山口県萩市の旧家にボブというアメリカ人青年（蟇目良）がやってきたという設定で物語がはじまります。ライト夫妻を佐分利信と乙羽信子、ローラ、ノーラ、パットの三姉妹を小川真由美（現・眞由美）、栗原小巻、神崎愛、ジムを片岡孝夫（現・仁左衛門）が演じるなど、超豪華キャストによる大作でした。

厄介者の悪女ローズマリーを演じたのは、そのころ人気絶頂で多くの名作に出演していた松坂慶子。野村監督の作品としては大岡昇平原作の〈事件〉（1978年）につづく出演で、どちらも当時あまり演じていなかった汚れ役の体あたり演技が評判になりました。

『災厄の町』の原著に、このローズマリーを the leech, genus homo, sex female と評した個所があります。これはどう訳せばいいでしょうか（leech は「ヒル」、genus は「種、属」）。

ローズマリーはセクシーな妖婦というイメージがあるので、sex female のあたりを勘ちがいしやすいのですが、これはまずローズマリーのことを「ヒル」と呼んだあと、「種はヒト (homo)」、「性別はメス」と属性を列記している形であり、ローズマリーを人間ではない生き物として突き放して書いているのがわかります。わたしはここを「ヒト属の雌の皮をかぶったヒル」と訳しました。

大晦日のパーティーでローズマリーが毒殺されますが、警察はジムがノーラを殺そうとして誤ってローズマリーを殺したと見て、ジムを逮捕します。裁判では、パットの婚約者のカーター・ブラッドフォードが検察官をつとめます。

"The People," concluded Bradford, in a tone so low he could scarcely be heard, "being convinced beyond reasonable doubt that James Haight did so plan and attempt the life of one person in attempting which he succeeded in taking the life of another, an innocent victim 5 — the People demand that James Haight pay with his own life for the life taken and the life so nearly taken."

And Carter Bradford sat down to spontaneous applause, which caused the first of Judge Newbold's numerous subsequent warnings to the spectators.　10

2 beyond reasonable doubt　合理的な疑いの余地なく（法廷でよく使われる決まり文句）

3 James　Jim の正式名

4 attempt　〜の命を奪おうと試みる

8 spontaneous　自発的な

① 最初の The People は、どんな日本語にすればいいでしょうか。

② 4行目の関係代名詞 which の先行詞はなんでしょうか。

③ 4行目の one person と5行目の another は、それぞれ

だれのことを指しているでしょうか。

④ 6行目の pay は現在形・原形のどちらでしょうか。

⑤ 6行目の the People 以下の文では、結局ジムに何を求めているのでしょうか。

⑥ 9行目の which 以下を日本語にしてください。

《解答・解説》

① 「検察側」「訴追側」など

いきなり The People ではじまってとまどった人も少なからずいるでしょう。読みつづけていると、どうやらこれは国民や州民全体、もしくはその代表という意味で使われているのがわかると思います。People は、特にアメリカ英語で「検察側、訴追側」という意味で使われることがあり、ここでは発言者本人、つまり最終弁論をおこなっている検察官や検察全体を指すと考えると違和感がないはずです。

なお、この文の主節の主語は6行目の the People であり、だとすると2行目の being convinced からの部分が分詞構文ですから、冒頭の The People は文法的には不要ということになります。ただ、主節の主語が出てくるのがずっとあとなので、まずは The People で文をはじめて、主体をはっきりさせています。会話文ではこういうことが起こりえます。

② the life of one person

ちょっと複雑な形なので、3行目の that 節以下の構造がどうなっているかをよく見てみましょう。

James Haight did so plan and attempt the life of one person in attempting which he succeeded in taking the life of another, an innocent victim

まず、動詞の plan と attempt の前に did がついているのは、強調表現。beyond reasonable doubt という強い言い方のあとで、「実際に、まさしくそれをやってのけた」というニュアンスが伝わります。

plan の前に so がついているのは、「そのように計画した」ということで、この段落より前にくわしく書かれていたジムの犯行計画（と検察側が考えているもの）を受けています。

and のあとの個所で、主語である James Haight を補い、強調の did をはずすと、以下のようになります。

[James Haight]attempted the life of one person in attempting which he succeeded in taking the life of another, an innocent victim

関係代名詞 which の前後がややこしいのですが、「関係代名詞はふたつの文をつなぎ、その共通部分が先行詞である」という基本に立ち返ってこの文を解体すると、こうなります。

・James Haight attempted <u>the life of one person</u>.（ジェイムズ・ヘイトが、ある人物の命を奪おうと試みた）
・In attempting <u>the life of one person</u> he succeeded in taking the life of another, an innocent victim.（ひとり

の人物の命を奪おうと試みようとして、彼は別の人物、すなわち無辜（むこ）の犠牲者の命を奪うことに成功した）

attempt の意味が通常の「～を試みる」ではなく、「～の命を奪おうと試みる」という古い用法であることや、succeeded in（～に成功した）のせいで、in ～ ing という形がふたつあってまぎらわしいことが相まって、わかりにくい文となっています。こういうときは、ちょっと立ち止まって、納得がゆくまで考えるほうが、むしろ理解する早道かもしれません。

③ one person がノーラ、another がローズマリー
②の解説から明らかかもしれませんが、（検察の主張によると）ジムが殺そうとしたのはノーラ、実際に殺してしまったのはローズマリーです。

④ 原形
　直前の demand は「要求、提案」を表す動詞で、こういう場合は that 節の動詞が原形となります。「要求、提案」を表す動詞としては、ほかに propose や suggest などがあります。イギリス英語では原形ではなく should がつく形が使われることもあります。原形が命令文の形でもあることを考えると、こういうときに原形が使われるのが自然に感じられるでしょう。

⑤ 死刑
　pay with his own life for the life taken and the life so nearly taken をそのまま日本語にすると、「奪われたひ

とつの生命と危うく奪われかけたひとつの生命の対価として、みずからの生命をもって償う」となります。pay A for B の形で、「B の対価として A を支払う」という意味になり、ここではみずからの命をもって支払うのですから、検察官はいかにも法廷っぽいまわりくどい言い方で死刑を求刑します。

⑥ ニューボールド判事は傍聴人たちに対してこのあと幾度となく静粛を求めることになるが、最初の警告を発したのはこのときだった

　which の先行詞は直前の spontaneous applause（ひとりでに沸き起こる拍手喝采）であり、それがニューボールド判事が（静粛を促す）最初の警告を発するきっかけになって、その警告が何度もつづく、というのがここの趣旨です。訳例ではわかりやすくするために少しことばを補いましたが、「それが今後もたびたびつづく判事の無数の警告の最初のものを引き起こした」でもまちがいではありません。

　最後の spectators は裁判の傍聴人たちを指していますが、spectator という言い方からは「観客」「見物人」「野次馬」のようなニュアンスが少し感じとれます。

《訳例》

「検察側は」ブラッドフォードは聞きとりにくいほど静かな声で締めくくった。「ジェイムズ・ヘイトがひとりの人間の生命を奪うことを計画し、その実行を試み、結果としてそれとは別の罪なき人物の生命を奪ったことは合理的に疑いの余地なしと確信し──それゆえ検察側は、

奪われたひとつの生命と危うく奪われかけたひとつの生命の対価として、ジェイムズ・ヘイトがみずからの生命をもって償うことを要求します」

　そしてカーター・ブラッドフォードは着席し、だれからともなく湧きあがった喝采に包まれた。ニューボールド判事は傍聴人たちに対してこのあと幾度となく静粛を求めることになるが、最初の警告を発したのはこのときだった。

　エラリイ・クイーン作品を楽しむためのガイドブックとして、最も情報量が多く充実しているのは『エラリー・クイーン パーフェクトガイド』（ぶんか社文庫）ですが、残念ながら現在では入手がむずかしく、また、2005年に出た本なので、最近の中村有希さんやわたしの新訳に関する情報は載っていません。

　いま手にはいるものとしては、2021年に出た『エラリー・クイーン完全ガイド』（星海社新書）がいちばんのお勧めで、全作品ガイドに加えてさまざまな角度からの充実したコラムがたくさん載っています。

　翻訳書では、『エラリー・クイーン 推理の芸術』（フランシス・M・ネヴィンズ）と『エラリー・クイーン 創作の秘密』（ジョゼフ・グッドリッチ編、ともに国書刊行会）をお勧めします。前者はクイーンの伝記の決定版であり、後者はダネイとリーの往復書簡集です。特に後者は、『十日間の不思議』や『九尾の猫』のころにふたりが壮絶なまでに激しい議論を重ねて名作を生み出した過程を生々しく伝えています。この2冊は、クイーン作品をある程度多く読んでから手にとってください。

　上記のガイドブック2冊の著者で、翻訳書2冊の訳者でもあるのが、クイーン研究の第一人者である飯城勇三さんです。わたしがこれまでに訳したクイーン作品のうち、レーン四部作を除く16作には、すべて飯城さんのくわしい解説がついていますから、その解説を熟読するだけでも、かなりのクイーン通になれるでしょう。

6

　エラリイがパットとカーターのふたりだけに事件の真相を語っている場面です。最初の she は、ノーラより前にジムが結婚していた相手の女性です。

"You mean she was alive when Jim came back to Wrightsville?" gasped Pat.

"Not merely alive," said Mr. Queen; he slowly ground out the butt of his cigaret in an ash tray. "She followed Jim here."　　　　　　　　　　　　　　　　　　　　　　5

"The first *wife*?" Carter gaped.

"She came to *Wrightsville*?" cried Pat.

"Yes, but not as Jim's first wife. Not as Jim's any-wife."

"Then who —?"

"*She came to Wrightsville*," said Ellery, "*as Jim's sister.*"　　10

2 gasp　息を呑む
4 butt　吸いさし
6 gape　口を大きくあける

① 3行目 he slowly ground out the butt of his cigaret in an ash tray を日本語にしてください。
② 6行目、7行目、10行目のイタリック体は、日本語訳ではどのように処理すればいいでしょうか。
③ 9行目は「—?」で終わっていますが、たとえば「...」で終わる場合と意味合いがどうちがうでしょうか。

④ 10行目の全文を日本語にしてください。

《解答・解説》

① （クイーン氏は）煙草の吸いさしを灰皿でゆっくりと揉み消した

　ground は grind（こする）の過去形で、ここではあとに out を従えて、強くこする、つまり揉み消すという意味で使われています。地面の ground と見まちがえやすいことばなので要注意。翻訳クラス生のなかにも、一部で「置いた」という訳が見られましたが、おそらくそれが原因の誤読でしょう。

② このあたりは忠実に傍点をつける。

　『エジプト十字架の秘密』の**6**⑤でも書きましたが、エラリイ・クイーンの作品では、謎解きの個所でイタリック体になることが、ほかの作家に比べても際立って多いです。ここは謎解きの中核部分で、大きなサプライズがあるので、ぜひ忠実に傍点を打ってください。

③ 何か言おうとしたのをさえぎられた感じがする。

　英語の「—」と「...」は、日本語の文章では通常2マスを使って、それぞれ「——」「……」と表記するのがふつうです。このふたつは、特に会話の終わりにおいては、明らかに意味のちがいがあります。大ざっぱに言うと、こんな感じです。

——　何か言おうとしたのを相手にさえぎられたとき。
……　自分自身で迷ったりして言いよどんでいるとき。

この個所では、パットが「じゃあ、だれが――」と言いかけたのに対し、それにかぶせるようにエラリイが真相を告げます。その緊迫した感じを伝えるためにも、「――」と「……」をしっかり使い分けてください。

　最後に疑問符がついているのは、もちろん疑問文を口にしようとしたからですが、わたしはどうも日本語で「――?」と書くのが好きではなく（どう音読していいかわからないからです）、たいがい疑問符を抜いて訳しますが、そのまま「――?」としてもかまいません。

④「女はライツヴィルに来た」エラリイは言った。「ジムの姉として」

　傍点を忠実に打つことについては②で書いたとおりですが、ここではさらに、語順についても忠実に処理したいところです。ここで最も重要な情報は最後の *as Jim's sister* であり、エラリイはちょっともったいぶってひと呼吸ついたあとで、最後にそれを口にしています。読者に驚きを与えるためには、その順序を崩さず、最後に「ジムの姉として」と結ぶべきです。

《訳例》

「つまり、ジムがライツヴィルにもどったときには、その女性は生きてたってこと?」パットは息を呑んだ。
「生きていただけじゃない」クイーン氏は言った。煙草の吸いさしを灰皿でゆっくりと揉み消す。「その女はジムを追ってここへ来た」
「最初の妻が?」カーターは大きく口をあけた。

「ライツヴィルに来たの?」パットは叫んだ。

「そうだ。ただし、ジムの最初の妻としてじゃない。ジムのどんな妻としてでもない」

「じゃあ、だれが——」

「女はライツヴィルに来た」エラリイは言った。「ジムの姉として」

『災厄の町』の新訳では、ローズマリーとロバータのジムとの関係を旧訳の「妹」から「姉」に変えました。この理由といきさつについては、訳者あとがきをご覧ください。

　わたし自身も、旧訳や映画版（ロバータ役を演じたのは竹下景子）のイメージが何十年も染みついていたので、その改変にはかなりの度胸が必要でした。さいわい、支持してくださったかたがほとんどだったようです。「こぼれ話5」で紹介した書簡集の編者であるジョゼフ・グッドリッチさんも「姉」説を支持してくださったということが、飯城勇三さんによる『フォックス家の殺人』の解説に記されています。

　ところで、映画〈配達されない三通の手紙〉の話にもどりますが、実は映画の最後のシーンで、原作にはまったく描かれていないもうひとつの「真相」がおわされます。断定されたわけではありませんが、わたしはびっくりしました。えっ、なぜあの人物が？　それとも、原作のどこかに手がかりとなる個所があるのでしょうか。

　これから観る人は、ぜひそこに注目してください。

★★ここまでネタバレ★★

第4章

アガサ・クリスティー

『アクロイド殺し』
(1926年)

The Murder of Roger Ackroyd

あらすじ・概略

　イギリスのキングス・アボットという小さな村に住む
フェラーズ夫人が突然死去し、検死をおこなったシェパ
ード医師は睡眠薬の過剰摂取と判断した。

　夫人は1年ほど前に夫と死別し、大富豪ロジャー・ア
クロイドと再婚するだろうと噂されていた。シェパード
医師は、動揺した様子のアクロイドから相談があると言
われ、屋敷を訪れた。アクロイドは前日に夫人から驚く
べき告白をされたという。夫人はかつて夫を毒殺し、そ
のことを知った人物から脅迫を受けていたのだった。

　シェパード医師が話を聞いていたとき、夫人が死の直
前に書いた手紙が届けられる。夫人は脅迫者の名前を打
ち明けようとしていた。アクロイドはその手紙をひとり
で読みたいと言い、医師を帰宅させた。

　自宅へもどったシェパード医師に、アクロイドが殺さ
れたと知らせる電話が執事からかかった。急いで屋敷へ
駆けつけたが、執事は電話などかけていないと言う。ア
クロイドの部屋は内側から施錠され、声をかけても応答
がない。ドアを破って中へはいると、アクロイドの刺殺
死体があり、フェラーズ夫人の手紙は消えていた。

　アクロイドには、前妻の連れ子だったラルフという義
理の息子がいた。ラルフはアクロイドの姪フローラと婚
約していたが、事件の前後から行方をくらませていた。
ラルフはアクロイドの莫大な資産の相続人で、借金をか
かえている。ほかにもいくつかの事実から、ラルフが犯
人にちがいないと思われた。

　だが、村に引っ越してきた風変わりなベルギー人の名
探偵エルキュール・ポアロが、ラルフの無実を信じるフ

ローラから依頼されて、犯人さがしに取りかかった。シェパード医師を助手として、事件当日屋敷にいたフローラとその母、アクロイドの友人、使用人たちなどから話を聞いたポアロは、それぞれが複雑な事情をかかえて、隠し事をしているのを見逃さず、やがて真犯人を追いつめていった。

『アクロイド殺し』はアガサ・クリスティーの初期作品で、ポアロの登場する3作目にあたるが、この作品のポアロはすでに引退して田舎の村でカボチャを育てている。発表当時、作品全体の仕掛けがフェアかアンフェアかをめぐって大論争が起こった。

真犯人を知ったあとで再読すると、ていねいに張りめぐらされた伏線、だれもが動機を持っているかのように思わせる精緻な人物造形、そして衝撃の結末へ至るストーリー運びの巧みさにただただ驚かされる。一方、犯人さがしの緊張感が高まるなかで、シェパード医師のおしゃべり好きで噂好きな姉キャロラインが見せるふるまいがなんとも楽しく、絶妙の緩急がつけられている。

『オリエント急行の殺人』『そして誰もいなくなった』『カーテン』などと並んで、クリスティーが最も派手なからくりを駆使した代表作である。可能なら、結末についての予備知識なしで読んでもらいたいが、知っていたとしても読み応えじゅうぶんの名作だ。

本作の語り手であるシェパード医師が、同居している姉キャロラインの噂好きな性格について説明しています。フェラーズ夫人は、近所で最近死んだ女性です。

Whatever I told Caroline now concerning the demise of Mrs. Ferrars would be common knowledge all over the village within the space of an hour and a half. As a professional man, I naturally aim at discretion. Therefore I have got into the habit of continually withholding all 5 information possible from my sister. She usually finds out just the same, but I have the moral satisfaction of knowing that I am in no way to blame.

Mrs. Ferrars' husband died just over a year ago, and Caroline has constantly asserted, without the least 10 foundation for the assertion, that his wife poisoned him.

She scorns my invariable rejoinder that Mr. Ferrars died of acute gastritis, helped on by habitual overindulgence in alcoholic beverages. The symptoms of gastritis and arsenical poisoning are not, I agree, unlike, 15 but Caroline bases her accusation on quite different lines.

'You've only got to look at her,' I have heard her say.

1 demise　死亡

4 discretion　分別ある行動

7 just the same　(≒all the same) それでも、やはり

12 invariable　変わらない、一貫した

12 rejoinder　反論

13 gastritis　胃炎

14 overindulgence　過剰摂取

15 arsenical　砒素の

① 1行目からの第1文を、told が過去形であることを意識しつつ日本語にしてください。

② 3行目の a professional man はどういう意味でしょうか。

③ 5行目の the habit of continually withholding all information possible from my sister を日本語にしてください。

④ 16行目の her accusation の具体的内容はなんでしょうか。

⑤ 16行目の lines は、ここではどんな意味でしょうか。

⑥ 最終行の 'You've only got to look at her,' を日本語にしてください。

《解答・解説》

① フェラーズ夫人の死去に関してキャロラインにいま何を話したとしても、一時間半も経たぬうちに、村じゅうの人々の知るところとなるだろう。

　全体として、if 節は使われていませんが、現在の事実に反する内容を仮定法過去を用いて伝えている文です。

　Whatever から Mrs. Ferrars までがこの文の主語で、now とあるので現在の話なのに、動詞 が過去形の told なので、「（現実には話すはずがないのに）話したとしても」という意味だとわかります。後半の would be 以下も仮定法過去の原則どおりの形です。

フェラーズ夫人の死去に関してキャロラインに何かを
語ることは、「現実に反する」とまでは言えませんが、
語り手のシェパード医師としては、みずからそんなこと
をする可能性はかぎりなくゼロに近いので、このような
形が無意識に使われたと考えられます。

② 医師や弁護士など、守秘義務のともなう専門的職業に就いている人間

　4行目の descretion は「分別ある行動」ですが、ここ
では詮索好きなキャロラインに対するふるまいに関連づ
けて、「口を慎むこと」などとしてもかまいません。

　そういうことを職務上ともなうのが a professional
man なのですから、守秘義務を要する職業であるはず
です。「職業人」という訳語では、意味が広すぎます。
「医師という職業柄」のように補って訳してもいいでし
ょう。

③ 姉に対してあらゆることをできるかぎり隠す習慣

　withhold...from... というつながりが読みとれたでしょ
うか。information...from... というつながりがあると見な
して「姉からのあらゆる情報」と訳す人がかなりいまし
たが、それではこの前後と意味がつながりません。

④ フェラーズ夫人が夫を毒殺したという主張

　この accusation は11行目の assertion と近い意味と考
えてよく、それにつづく that 節（10行目の asserted の
目的語節）の内容（his wife poisoned him）を受けてい
ます。

⑤ 考えの筋道、根拠

bases her accusation on のあとに来る語なので、「根拠」という訳語が自然に浮かぶと思います。英和辞典に載っている語義では、「[しばしば〜 s]（行動・思考の）方向，方針；方法；政策；筋道」（ジーニアス英和大辞典）などが近いでしょう。LDOCE には a particular way of doing something or of thinking about something とあります。

⑥ あの人を見ただけでわかる

口語では、have のかわりに 've got と言うことがあり、特にイギリス英語でよく見られます。これに to をつけて 've got to と言えば、have to とほぼ同じ意味です。本文の 've only got to は have only to とほぼ同じですから、「〜しさえすればいい」という意味となります。

自分が医学的根拠から毒殺説の是非を論じようとしているのに対し、キャロラインは「見ればわかる」と決めつけているので、医師はあきれています。思いきって「顔に書いてある」などと訳してもおもしろいでしょう。

なお、前半で扱ったエラリイ・クイーンの作品では、会話文がすべて double quote（"）でくくられていましたが、ここからあとは single quote（'）でくくられています。これは、前者ではアメリカで一般的な表記ルール、後者ではイギリスで一般的な表記ルールに合わせているからです。

　フェラーズ夫人の死去に関してキャロラインにいま何を話したとしても、一時間半も経たぬうちに、村じゅうの人々の知るところとなるだろう。職業柄当然だが、わたしは分別あるふるまいを心がけている。そのせいで、姉に対してあらゆることをできるかぎり隠す習慣がすっかり身についた。にもかかわらず、たいがい姉はさぐり出すのだが、わたしには責任がないから、良心の呵責を感じることはない。

　一年余り前に、フェラーズ夫人は夫に先立たれた。キャロラインはなんの根拠もなく、妻が夫を毒殺したと主張して譲らなかった。

　フェラーズ氏の死因は急性胃炎で、それは毎日アルコールを摂取しすぎたことが大きい、とわたしは反論しつづけたが、キャロラインは聞く耳を持たない。たしかに胃炎と砒素中毒の症状は似ていなくもないが、キャロラインの主張はまったく別の根拠によるものだ。

「あの人を見ただけでわかるもの」そうのたまうのだった。

シェパード姉弟の家の隣に最近引っ越してきたポアロ
（Poirot）のことを、医師が説明しています。

The house next door, The Larches, has recently been
taken by a stranger. To Caroline's extreme annoyance,
she has not been able to find out anything about him,
except that he is a foreigner. The Intelligence Corps has
proved a broken reed. Presumably the man has milk and 5
vegetables and joints of meat and occasional whitings just
like everybody else, but none of the people who make it
their business to supply these things seem to have
acquired any information. His name, apparently, is Mr.
Porrott—a name which conveys an odd feeling of 10
unreality. The one thing we do know about him is that he
is interested in the growing of vegetable marrows.

But that is certainly not the sort of information that
Caroline is after. She wants to know where he comes
from, what he does, whether he is married, what his wife 15
was, or is, like, whether he has children, what his
mother's maiden name was—and so on. Somebody very
like Caroline must have invented the questions on
passports, I think.

1 larch　カラマツ

4 corps　軍団・兵団（単数・複数が同形）

5 broken reed　折れたアシ、頼りにならない人や物

6 joint of meat　大きな肉片、骨つき肉

6 whiting　白身魚、タラ

12 vegetable marrow　ペポカボチャ、ズッキーニ

17 maiden name　旧姓

① 1行目の The Larches は、ここではどういう意味で
しょうか。

② 4行目の The Intelligence Corps は何のことを指して
いるのでしょうか。

③ 9行目の His name からの文を日本語にしてください。

④ 14行目の after はどういう意味でしょうか。

⑤ 最終文で語り手は、キャロラインがどういう人間だ
と言いたいのでしょうか。

《解答・解説》

① 「カラマツ館」「カラマツ荘」など（屋敷の名前）

　日本ではなじみのない習慣ですが、イギリスの郊外で
は、1軒1軒の家に名前がついていることがよくあります。
もちろん、家が密集している地域では住所を番地で表し
ますが、少ない場所ではそれぞれの名前だけで事が足り
ます。

　家の名前はさまざまで、動物・植物・歴史上の人物な
どなどのあとに House や Cottage などをつけて、The
Willow House や Jackdaw Cottage などと呼びます。ポア
ロが住んでいる The Larches も、正式には The Larches
House などかもしれません。

② キャロラインのために情報を集めて知らせる人々（た
とえば、食料品を家々に配達する人たち）

実は The Intelligence Corps が作中に登場するのはこの個所が2回目なのですが、勘のいい人ならここだけで意味の想像がつくでしょう。

　この intelligence は「知性」ではなく「情報」です。情報というと information ということばがまず浮かぶでしょうが、intelligence は国家機密などの重要な情報を指します。ここでは、キャロラインにとって町の住人にまつわるゴシップは国家機密並みに重要なので、語り手の医師は intelligence に corps をつけて大文字ではじめ、思いっきり大げさな表現にして揶揄しています。

　数行あとに食料品の配達の人たちの話が出てきて、それでも何も情報が得られないと書かれているので、この人たちが The Intelligence Corps の構成メンバー（またはその一部）だと考えて差し支えありません。

　なお、a broken reed は新約聖書のマタイによる福音書第12章第20節にある表現に基づいた決まり文句です。

③　どうやら、名前はポロット氏というらしい──現実感のない奇妙な名前だ。

　語り手のシェパード医師は、ポアロの名前をポロットと覚え、自分のまちがいに気づかずに odd だのunreality だのと決めつけています。読者としては、ポアロやキャロラインと並んで、シェパード医師までもがちょっと滑稽な人物に感じられ、なかなか楽しい個所です。

④　～を追い求めて

　この after は前置詞で、「目的・追求」を表します。

さまざまな一般動詞のあとにつきますが、この個所のように be 動詞のあとの場合もあります。

　つぎの文には、ゴシップ好きのキャロラインがどんな情報を追い求めているのかが書かれています。

⑤ 他人の身の上に関することを事細かに知りたい人物

　the questions on passports をそのまま訳せば「パスポートの質問事項」となりますが、パスポート自体に質問が記載されているわけではないので、「パスポート申請用の質問事項」あるいは「パスポートの記載事項」などと少しアレンジして訳すといいでしょう。

　シェパード医師の姉キャロラインに対する強烈な皮肉が感じられる1文です。

《訳例》

　わが家の隣家であるカラマツ館に、最近よそ者が引っ越してきた。外国人の男ということしかわからず、キャロラインはひどく苛立っていた。諜報部隊の無能さが判明したというわけだ。おそらくその男も世の人々と同じように、牛乳や野菜や骨つき肉を口にし、ときにはタラなども食べているのだろうが、それらを配達している面々も、その住人についての情報をまったく手に入れられなかったようだ。どうやら、名前はポロット氏というらしい――現実感のない奇妙な名前だ。ひとつだけたしかなのは、細長いカボチャの栽培に興味を持っていることだった。

　けれども、キャロラインが求めているのは、そういった情報とはまったくちがう。知りたいのは、どこの出身

か、仕事は何か、結婚しているのか、妻はどんな女（だった）か、さらには、子供はいるのか、母親の旧姓は何か──などなどだ。パスポート用の質問項目を考えついたのは、きっとキャロラインのような人間にちがいない。

『アクロイド殺し』は、アガサ・クリスティーの全作のなかでも有数の知名度と人気を誇る作品です。もちろん、ミステリ史に残る斬新かつ大胆なトリックがいちばんの理由でしょうが、シェパード医師の一人称の語りに飄々たる味わいがあり、名探偵エルキュール・ポアロや姉キャロラインとのやりとりでいわく言いがたいユーモアが醸し出される点もまた、多くのファンに愛されてきました。

　これはクリスティーの長篇第3作で、旧友ヘイスティングズ大尉を語り手とする前2作（『スタイルズ荘の怪事件』と『ゴルフ場殺人事件』）とはちがって、初登場の医師による一人称の語りが採用されています。作者がその形式を選んだのはトリックに基づく理由が大きいのですが、それを抜きにしても、この語りだからこそ、医師のキャラクターのおもしろみを最大限に生かすことができたのだと思います。

　一人称の語り手による小説は映像化がむずかしいのですが、2018年に日本で作られたドラマ化作品（タイトルは〈黒井戸殺し〉。ポアロ役が野村萬斎、シェパード医師役が大泉洋）は、この原作の特徴をみごとに生かし、ミステリとしてもコメディドラマとしても秀逸な映像化作品となっています。

関係者たちの前でポアロが一席ぶっています。レイモンドは殺されたロジャー・アクロイドの秘書です。

'And now, messieurs et mesdames,' said Poirot rapidly, 'I will continue with what I was about to say. Understand this, I mean to arrive at the truth. The truth, however ugly in itself, is always curious and beautiful to the seeker after it. I am much aged, my powers may not be what they 5 were.' Here he clearly expected a contradiction. 'In all probability this is the last case I shall ever investigate. But Hercule Poirot does not end with a failure. Messieurs et mesdames, I tell you, I mean to know. And I shall know— in spite of you all.' 10

He brought out the last words provocatively, hurling them in our face as it were. I think we all flinched back a little, excepting Geoffrey Raymond, who remained good-humoured and imperturbable as usual.

'How do you mean—in spite of us all?' he asked, with 15 slightly raised eyebrows.

'But—just that, monsieur. Every one of you in this room is concealing something from me.'

1 messieurs et mesdames　monsieur et madame の複数形。紳士淑女のみなさん。

6 contradiction　反論

6 in all probability　きっと、十中八九

11 provocatively　挑発的に

11 hurl　投げつける

12 as it were　いわば

14 imperturbable　動じない

① 2行目の Understand this, I mean to arrive at the truth. を、this が何を指しているかに注意して日本語にしてください。

② 6行目の Here he clearly expected a contradiction. から、ポアロがどんな性格だとわかるでしょうか。

③ 9行目の I mean to know と I shall know にはどんな意味のちがいがあるでしょうか。

④ 10行目と15行目の in spite of you (us) all を、この文脈に合う日本語にしてください。

⑤ 13行目の Geoffrey はどう発音するのが正しいでしょうか。

⑥ 17行目の just that はどういう意味でしょうか。

《解答・解説》

① 申しあげておきますが、わたしは真実を明らかにするつもりです。

　文章や会話の流れのなかに代名詞 that が出てきた場合は、前の文や発言を指すことが多いのですが、指示代名詞 this の場合は、あとの文や発言を指すことがかなりあります。この文の前半でも、ポアロは一同に向かって、「以下のことを理解してくれ」とまず伝えています。

　後半は mean to を用いて、強い意志を表しています。

② つねに自信満々である。

ポアロはこの直前に I am much aged, my powers may not be what they were. と言い、表面的には自分の衰えを認めたかのような態度を見せますが、本気でそう思っているはずがないことは、語り手も読者も感づいています。その状況をうまく表現したのがこの文だと言えるでしょう。

③　どちらも「知る」ことへの強い意志を示しているが、後者のほうがより強い。

　ここはかなり訳しづらかった個所です。mean to も shall も強い意志を表しますが、And でつなげて、一段と強い決意を表しているので、後者を、未来の出来事を断定する感じで訳すと、自尊心の強いポアロらしい台詞になるのではないでしょうか。前後の差をある程度つける必要があるため、ここでは mean to を「なんとしても知りたい」としましたが、定訳とされる「～つもりである」がまちがいというわけではありません。

④　「みなさんが何をなさろうと」「あなたがたがどんな態度でいようと」など
　「あなたがた全員にもかかわらず」では何を言っているのかわからないので、少しことばを補う必要があります。最終行にあるとおり、ここはポアロが一同への不信感を表しているところですから、一同の「行動」や「態度」が現状のようであるにもかかわらず、というニュアンスでとらえるといいでしょう。その言い方が舌足らずなので、つづいてレイモンドが尋ね返します。

⑤ ジェフリー（発音記号は［dʒéfri］）

　文字を見ていると「ジェオフリー」「ゲオフリー」な
どと読みたくなりますが、これは Jeffrey と同じ発音、
つまり「ジェフリー」と読むのが正解。辞書の発音記号
も、両者とも「dʒéfri」です。『カンタベリー物語』の
作者ジェフリー・チョーサーや俳優のジェフリー・ラッ
シュなどがこの綴りです。

　よくまちがえられるのですが、海外ミステリの読者に
とっておなじみの作家ジェフリー・ディーヴァーの名前
の綴りは、Geoffrey でも Jeffrey でもなく Jeffery です。

⑥ そのまま（文字どおり）の意味です

　in spite of you all ということばに驚いたレイモンドが
眉をひそめて尋ね返したのに対し、ポアロが淡々と応じ
ています。「文字どおり」の具体的内容は、つぎの文に
ある「この部屋にいる全員が嘘つき」ということです。

《訳例》

「では、紳士と淑女のみなさん」ポアロが早口で言った。
「言いかけたつづきをお話ししましょう。申しあげてお
きますが、わたしは真実を明らかにするつもりです。真
実は、それ自体がどれほど醜悪であろうと、追い求める
者にとっては、つねに興味深く美しい。わたしはずいぶ
ん歳をとりましたから、以前ほどの力はないかもしれま
せん」ここでポアロは明らかに反論を待ち望んでいた。
「きっと、これはわたしが手がける最後の事件になるで
しょう。しかし、エルキュール・ポアロが失敗で終幕を
迎えることはありません。紳士と淑女のみなさん、そう、

わたしはなんとしても突き止めたい。そして、かならず突き止めます——みなさんが何をなさろうと」

　ポアロは最後のことばを、わたしたちの顔に投げつけるかのように、挑発をこめて言い放った。全員が少したじろいだようだったが、ジェフリー・レイモンドだけはふだんどおりにこやかで落ち着いていた。

「どういう意味ですか——何をなさろうと、というのは?」レイモンドはかすかに眉をあげて尋ねた。

「それは——そのままの意味ですよ、ムシュー。この部屋にいる全員が何かを隠しているのです」

アクロイド夫人（ロジャーの義妹）の具合が悪く、主治医のシェパード医師が夫人のベッドまで往診に訪れています。夫人は、前日に自分を嘘つき呼ばわりしたポアロを非難しています。

'And then that scene—yesterday,' continued my patient. She paused as though expecting me to take up a cue.

'What scene?'

'Doctor, how can you? Have you forgotten? That dreadful little Frenchman—or Belgian—or whatever he 5 is. Bullying us all like he did. It has quite upset me. Coming on the top of Roger's death.'

'I'm very sorry, Mrs. Ackroyd,' I said.

'I don't know what he meant—shouting at us like he did. I should hope I know my duty too well to dream of 10 concealing anything. I have given the police every assistance in my power.'

Mrs. Ackroyd paused, and I said, 'Quite so.' I was beginning to have a glimmering of what all the trouble was about.   15

6 bully　いじめる、痛めつける
14 glimmering　かすかな光

① 2行目の take up a cue は、ここでは具体的に言うとどういうことでしょうか。
② 4行目の how can you のあとにはどんなことばが省略

されていると考えられるでしょうか。

③ 7行目の Coming on the top of Roger's death. は、ここでは具体的に言うとどういうことでしょうか。

④ 8行目の I'm very sorry をこの文脈にふさわしい日本語にしてください。

⑤ 10行目の I should hope の should にはどんな意味合いがあるでしょうか。

⑥ 14行目の the trouble は、ここでは具体的に言うとどういう意味でしょうか。

《解答・解説》

① that scene がポアロの無礼なふるまいだと察すること

　アクロイド夫人は単に that scene というだけで医師が「ああ、あのことか」と察してくれると信じていて、それを悟らせるためにひと呼吸置いたというわけです。

② be so forgetful、be so rude など

　医師が期待どおり察してくれなかったので、夫人は失望をこめて how can you? と言いました。そのあとに Have you forgotten? と言っているので、ここは「なぜそんなに忘れっぽいんですか?」と暗に伝えていると考えられます。あるいは、単に「そんなの、ひどすぎます」と言いかけた可能性もあります。

　この how can you? は疑問文の形になっていますが、実質的に否定の答を期待している反語的表現（修辞疑問文などとも言います）の一種です。

③ **ロジャーが死んでつらい思いをしているのに、ポア
ロが追い打ちをかけるようにひどいことを言った。**

　on the top of は「〜に加えてさらに」という意味で、
通常は悪い事柄が重なるときに使います。ここでは、ロ
ジャーの死があって、さらにポアロの心ない発言（「全
員が嘘をついている」）があったため、It has quite upset
me. だと言っています。この upset は「悲しませる」
「混乱させる」など、さまざまなニュアンスにとれるこ
とばですが、ここはポアロの発言があまりに唐突で衝撃
的だったので、「動転」「動揺」と解釈するのが最適で
しょう。

④ **「心中をお察しします」「大変残念です」など**

　sorry というのは翻訳者泣かせの単語で、訳出にはよ
く苦労します。大ざっぱに言うと、I'm very sorry は
「ごめんなさい」のときと「気の毒に思う」のときがあ
り、どちらなのか判断がつかない場合が多いからです。
さらに言えば、両方の意味がこめられている場合もある
し、発話者が一方の意味で言ったのに聞く側が別の意味
にとって誤解が生じるような場面も小説にはかなり出て
きます。

　この場面も、両方の意味が考えられます。すなわち、
夫人が口にした that scene の意味を察することができな
かったと謝っている可能性と、ひどい目に遭った夫人に
お悔やみのことばをかけている可能性です。

　どちらもありえないわけではありませんが、前者だと
するとかなり前の発言を受けたことになるので、やはり
後者ととるのが筋だと思います。アクロイド夫人はロジ

ャーの親族ですから、医師自身よりも（少なくとも建前
としては）ずっと痛手が大きいはずで、同情のことばを
かけるのが自然です。

　両方の意味がこめられているときや、両者の誤解を描
いている場面などでは、正直なところ翻訳者としてはお
手上げで、ルビなどを使ってどうにか説明するぐらいし
かありません。この場面については、そこまでする必要
はなさそうです。

⑤　考えを控えめに表現する。

　ここは should の最も一般的な意味「〜すべきだ」が
あてはまりそうもありません。should にはいろいろな
意味がありますが、いくつかの辞書に「謙遜、ためらい
などを表す」とあり、ここはその意味がぴったりです。
ポアロに対してあまり攻撃的な発言をつづけるのははし
たない、という夫人の気持ちの表れでしょう。

　こういう「婉曲の should」はイギリス英語に特徴的
で、アメリカ英語では would を使うのがふつうです。

⑥　アクロイド夫人が体調を悪くして寝込んでいること

　この個所だけをとってみれば trouble の意味はいろ
いろ考えられますが、そもそも医師が往診を要請された理
由のことだと考えると、すべて筋が通ります。訳例では
その点を明確にして、「何を夫人が気に病んでいるの
か」としました。

《訳例》

「で、あの騒ぎですけど——きのうの」わたしの患者

つづけた。

　それだけで察してくれると思っているのか、そこでことばを切った。

「どの騒ぎですか」

「まあ、先生。お忘れですの？　あのおぞましい小男のフランス人が——いえ、ベルギー人だったか——どっちでもかまいませんけどね。あんなふうにわたくしたちを脅しつけたことですよ。わたくし、すっかり動転してしまいました。ロジャーが亡くなって、そのうえあんな目に遭うなんて」

「心中をお察しします、アクロイド夫人」わたしは言った。

「あの男は何をしたかったのか——あんなふうに声を荒らげるなんて。こちらは果たすべき義務をじゅうぶん心得ておりますから、何かを隠すなどとは夢にも思いません。警察に対しても、精いっぱいの協力を惜しみませんでした」

　アクロイド夫人がまたことばを切ったので、わたしは言った。「ええ、たしかに」何を夫人が気に病んでいるのか、ぼんやりとわかってきた。

3の文章で見せた自信満々で挑発的な態度は、いかにもポアロらしく、どの作品でもよく見られます。ふつうならただのきらわれ者ですが、ポアロは謙虚さのかけらもないのになんだか憎めない、不思議な存在です。

ポアロの口癖で最も有名なのは、おそらく「小さな灰色の脳細胞」（my little grey cells）で、これはさまざまな場面で少しずつ形を変えて使われます。

わたしがいちばん好きな「ポアロ語」は、『アクロイド殺し』の終盤に発する 'Have I not told you at least thirty-six times that it is useless to conceal things from Hercules Poirot?' （「エルキュール・ポアロから何かを隠そうとしても無駄だと、少なくとも三十六回は申しあげたでしょう?」）です。ポアロはこの言いまわしが大好きなようで、最後の作品『カーテン』では、ヘイスティングズに対して「ああ！ いままで三十六回も言ったのに、またもう三十六回も言わなければならないのか」と嘆きます。

映像化作品では、これまで多くの俳優がポアロを演じてきましたが、ちょっとアクの強い小男ということでは、多くの TV ドラマで演じたデヴィッド・スーシェがいちばん原作のポアロに近いのではないでしょうか。

ところで、この作品ではポアロが家でカボチャを育てていますが、**2**の 12 行目の vegetable marrow というのは、われわれがよく知っているカボチャ（pumpkin）とはかなり見かけが異なり、ズッキーニなどに近いものです。今回のわたしの訳例では、「細長いカボチャ」としました。

旧友ヘイスティングズが事件の記録をつけているとポ
アロが語ったので、シェパード医師は自分もそのような
ものを書いていると打ち明けます。

'Well, as a matter of fact, I've read some of Captain
Hastings' narratives, and I thought, why not try my hand
at something of the same kind. Seemed a pity not to—
unique opportunity—probably the only time I'll be mixed
up with anything of this kind.'   5

I felt myself getting hotter and hotter, and more and
more incoherent, as I floundered through the above
speech.

Poirot sprang from his chair. I had a moment's terror
that he was going to embrace me French fashion, but 10
mercifully he refrained.

'But this is magnificent—you have then written down
your impressions of the case as you went along?'

I nodded.

'Epatant!' cried Poirot. 'Let me see them—this instant.' 15

I was not quite prepared for such a sudden demand. I
racked my brains to remember certain details.

'I hope you won't mind,' I stammered. 'I may have been
a little—er—personal now and then.'

'Oh! I comprehend perfectly; you have referred to me 20
as comic—as, perhaps, ridiculous now and then? It
matters not at all.(...)'

2 narrative 物語、体験談

4 be mixed up with ～に巻きこまれる

7 incoherent 支離滅裂な

7 flounder ぎこちなく話す

15 Epatant! 驚くべきだ、すばらしい フランス語 épater（驚かす）の現在分詞

18 stammer 口ごもる

① 2行目の I thought, why not try my hand at something of the same kind. を日本語にしてください。

② 3行目の Seemed a pity not to— のあとにはどんなことばが省略されていると考えられるでしょうか。

③ 9行目の Poirot sprang from his chair. で、ポアロはなぜ勢いよく立ちあがったのでしょうか。

④ 11行目の mercifully はどこを修飾しているでしょうか。

⑤ 16行目の I racked my brains to remember certain details. を日本語にしてください。

⑥ 19行目の personal には、ここでは2通りの意味が考えられます。それぞれを具体的に説明してください。

《解答・解説》

① わたしも似たものを手がけたらどうかと思いましてね。

　why not は why don't (won't)I ... の省略形で、理由を考えているというよりも、決意を語っているニュアンスに近い表現です。Why don't you ...? が強い勧誘を表し、「～したらどうか」、さらには「～してください」に近

い意味を持つのと同じですね。

something of the same kind は、ヘイスティングズと同じような手記のことを指しています。ちなみに、ヘイスティングズの手記の体裁をとったクリスティー作品には、『ABC 殺人事件』『エッジウェア卿の死』『カーテン』などがあります。

② try my hand at something of the same kind

動詞が省略されている場合、最も可能性が高いのは直前にあるものですから、ここではその原則どおり読めば問題ありません。つづく2か所のダーシ（―）の前後はことばがつながっていない感じがしますが、つぎの文に「支離滅裂」「ぎこちない」などと本人が書いているとおり、シェパード医師の語りは緊張のせいか乱れていきます。

③ 医師が事件の手記を書いているのを知って、ぜひ読みたいと思ったから

このあとの記述からもわかるとおり、さすがに抱きつきはしなかったものの、手記の存在を知ってポアロは歓喜しました。事件解決の手がかりをくわしく知ることができるからか、自分の手柄話が書かれるのを喜んだからか、どちらかはわかりません（おそらく両方でしょう）。

④ he refrained

mercifully は副詞なので、refrained という動詞だけにかかっていると考えたくなるところですが、ここはそうではなく、he refrained という「主語＋動詞」にかかっ

ています。

　一部の副詞には、単語ではなく文全体を修飾する用法があります。よく知られているのが naturally や happily などで、naturally を例にとると、

She sang <u>naturally</u>.（彼女は自然に歌った）
<u>Naturally</u> she sang.（当然ながら、彼女は歌った）

　このように、動詞のあとにある場合と文頭にある場合で意味がまったく異なります（上は動詞 sang のみを修飾、下は she sang. という文を修飾）。文修飾の場合は It is 形容詞 that... の形に書き換えてもほぼ同じ意味になります（この場合は It is natural that she sang.）。

　本文の mercifully についても同じことがあてはまり、he refrained mercifully なら「ポアロは慈悲深く自重した」ですが、mercifully が文頭に出た形では「ありがたいことに、ポアロは自重してくれた（≒ It is merciful that he refrained.）」という意味になります。

⑤ **懸命に考えて、いくつかの細かい部分を思い出そうとした。**

　rack one's brains は決まり文句で、「知恵を絞る」「懸命に考える」など。certain details は自分が手記に書いた細部のことですが、ここを訳出する際に重要なのは、details という複数形であることを反映することです。手記のなかには、ポアロに見せてよいかどうか微妙な記述が数か所あり、医師は自分がどう書いたかを懸命に思い出そうとしています。

⑥ ポアロに関する記述、シェパード医師自身に関する記述

　このあたりは、医師が注意深くことばを選んでいます。医師はこの personal（個人的な）を、自分自身のプライベートなことだから他人に読ませてよいのかどうか、という意味でおそらく使ったのに対し、ポアロはこの personal（個人的な）を、ポアロ自身についての記述（風貌や性格など）と見なした（ひょっとしたら、見なしたふりをした？）のです。物語も終盤に近づき、楽しいながらも緊張感のあるやりとりとなっています。

　訳語としては「個人的な」でじゅうぶん伝わると思いますが、「立ち入りすぎた」などの訳語もここではぴったりです。

《訳例》

「ええ、実は、ヘイスティングズ大尉のお書きになった文章をいくつか読んだことがあって、わたしも似たものを手がけたらどうかと思いましてね。そうしないのはもったいない――めったにない機会で――たぶん、この手のことに巻きこまれるのは最初で最後でしょうし」

　そんなふうにたどたどしく話しているうちに、しだいに顔が火照るのを感じ、しどろもどろになった。

　ポアロは勢いよく椅子から立ちあがった。フランス流にわたしを抱擁するのではないかと、しばし恐怖を覚えたが、ありがたいことにそれは自重してくれた。

「しかし、すばらしい――では、事件の経過をたどって、折々の印象を書き留めてきたと？」

わたしはうなずいた。

「びっくりです！」ポアロは叫んだ。「見せていただきたい——いますぐに」

　そんなに急に言われても、心の準備がまったくできていなかった。懸命に考えて、いくつかの細かい部分を思い出そうとした。

「お気になさらないといいんですが」わたしは言いよどんだ。「少しばかり——その——個人的なことをところどころで書いていますから」

「ああ！　よくわかっています。わたしのことを滑稽だとか——ひょっとしたら、ばかばかしいとか、そこかしこに書いていらっしゃるんでしょう？　まったくかまいませんよ。（略）」

6

　ポアロから真相を指摘されたシェパード医師が、手記の最も微妙な部分の記述を思い出している場面です。

　I am rather pleased with myself as a writer. What could be neater, for instance, than the following:

　'The letters were brought in at twenty minutes to nine. It was just on ten minutes to nine when I left him, the letter still unread. I hesitated with my hand on the door 5 handle, looking back and wondering if there was anything I had left undone.'

　All true, you see. But suppose I had put a row of stars after the first sentence! Would somebody then have wondered what exactly happened in that blank ten 10 minutes?

　When I looked round the room from the door, I was quite satisfied. Nothing had been left undone. The dictaphone was on the table by the window, timed to go off at nine-thirty (the mechanism of that little device was 15 rather clever—based on the principle of an alarm clock), and the armchair was pulled out so as to hide it from the door.

14 dictaphone　口述録音機

① 1行目の What could be neater, for instance, than the

following: を、neater の意味に注意して日本語にしてください。

② 3行目の twenty minutes to nine と4行目の ten minutes to nine は、それぞれ2通りの日本語で表現できますが、ここではどちらの表現のほうがよいと思いますか。

③ 8行目の But suppose I had put a row of stars after the first sentence! を、suppose や a row of stars の意味に注意して日本語にしてください。

④ 10行目の that blank ten minutes は、ここでは具体的に言うとどんな10分間のことですか。

⑤ 12行目の I was quite satisfied で、シェパード医師はなぜ満足していたのでしょうか。

⑥ 17行目の it は何を指していますか。

《解答・解説》

① 以下の文章などは、これ以上巧妙に書きようがあろうか。

neat は「簡潔な」と訳すことが多い単語ですが、ここは長いか短いかではなく、「嘘をつかずに、最も重要なことを巧みに隠して記述する」ことを評しています。ポアロに劣らぬ自信家であるシェパード医師が、自分の手記の巧みさを振り返って、悦に入っているところです（とはいえ、ポアロには見破られたのですが）。

「What could be 比較級 ...?」の形は「これ以上〜のことがあろうか」という修辞疑問文で、事実上「これ以上のことはありえまい、これは最高に〜だ」という最上級の意味を伝えています。

② イギリス式（9時20分前、10時分前）とアメリカ式（8時40分、50分）のどちらでもかまわないが、ここは後者のほうがお勧め。

　ご存じのとおり、アメリカ式とイギリス式では時間の表し方が少しちがっていて、イギリスではたとえば3時10分を ten[minutes]past three、2時50分を ten[minutes] to three（to のかわりに before を使うこともある）と言うのがふつうです（15分は quarter、30分は half）。ただし、列車の時刻などを言うときには、アメリカ式と同じく three-ten や two -fifty などです。

　これはイギリスの作品なので、当然イギリス式の言い方が使われているのですが、アメリカの作品でも「〜時まで」を強調したければ、to や before を使った言い方にするはずです。しかし、この作品のこの個所においては、9時という時刻に特に重要な意味はありません（重要なのは9時半です）から、ことさらに10分前や20分前という言い方をする必要はなく、日本語として自然なほうを選べばよいと思います。

　つまり、8時40分や8時50分のほうがよいとした理由は「アメリカ式が一般的だから」ではなく「カウントダウンをしているわけではないから」です。

③　しかし、仮に第一文のあとに星印を並べておいたらどうなっただろう！

　ここは作品全体のなかで最も重要な1文ですが、翻訳クラス生の3分の1以上が理解できていないようでした。

　まず、suppose の意味は、命令形の「想像しろ」でも完全なまちがいとは言えませんが、そのあとの had put

が過去完了であることに注意してください。suppose は if のかわりに用いられることが多いことばで、ここでは仮定法過去完了の形をあとに従えて、「もし仮にわたしが〜したら」と言っています。そのあと、従属節（if 節にあたるもの）の終わりに感嘆符が打たれていったん文が切れ、後半の主節の部分が Would somebody then have wondered...? という仮定法過去完了の帰結節の疑問文となっています（then は「それなら」で、前文全体を受けています）。

つぎに、a row of stars について。まず、stars が星印（★）なのかアステリスク（＊）なのかは、母語話者でも意見が割れるところで、どちらでもいいでしょう。日本語でも、たとえば「米印」と言われて「※」を頭に描く人と「＊」を頭に描く人に分かれるのと似たようなもので、要は「目立つ記号」なら大差はありません。

row は「列」ですが、ここは1行全体にその記号が並んでいる必要はなく、5個とか10個とか、ある程度の数が並んでいる状態を表しています。

after the first sentence とは、引用個所の最初の文、つまり The letters were brought in at twenty minutes to nine. のあと、ということです。

つまり、ここまでを図示すると下のようになります。

The letters were brought in at twenty minutes to nine. ★★★★★★★★ It was just on ten minutes to nine when I left him, the letter still unread.

その手紙は八時四十分に運ばれてきた。★★★★★★★★わたしが彼のもとを去ったのはちょうど八時五

十分で、手紙はまだ読まれていなかった。

　これほど大胆な書き方をしても、多くの読者はその伏せ字部分の意味に気づかなかったにちがいない、とシェパード医師は自信満々に語っているわけです。

④ **アクロイドを殺し、アリバイ工作も含めた事後処理をおこなった10分間**

　シェパード医師はこの10分間にきわめて重要なことをおこない、その内容を手記には記さず、「空白の10分間」と呼びました。8行目に All true, you see. とあるとおり、嘘はひとつも書いていないので、フェアプレイと言えるかもしれません。もちろん、これは作者クリスティーが作品の読者にフェアプレイで挑んでいるという意味でもあります。

⑤ **アリバイ工作も含めて、すべて順調に片づいたので**

　この直後に Nothing had been left undone. とあるのは、もちろん6行目の wondering if there was anything I had left undone に対するみずからの答です。

　ここでは特に、dictaphone が9時半に作動するようにセットしたことと、それが戸口から見えないように肘掛け椅子を移動したことを指しています。

⑥ **the dictaphone（口述録音機）**

　⑤でも少しふれたとおり、アリバイ工作の道具であるdictaphone が事件発覚時に戸口から見えるとまずいので、それを隠すために肘掛け椅子を移動しました。

　書き手としての自分には、かなり満足している。たとえば、以下の文章などは、これ以上巧妙に書きようがあろうか。

"その手紙は八時四十分に運ばれてきた。わたしが彼のもとを去ったのはちょうど八時五十分で、手紙はまだ読まれていなかった。わたしはドアノブに手をかけたところでためらって振り返り、やり残したことがないかと考えた"

　見てのとおり、すべて事実だ。しかし、仮に第一文のあとに星印を並べておいたらどうなっただろう！　空白の十分間にいったい何が起こったのか、といぶかしんだ人はいただろうか。

　ドアの前で部屋を見まわしたとき、わたしはじゅうぶんに納得できた。やり残したことはなかった。口述録音機は窓辺のテーブルの上で、九時半に音が出はじめるように設定してあり（あの小さな装置の仕掛けはなかなかみごとだった──目覚まし時計の原理に基づくものだ）、肘掛け椅子を動かして戸口からそれが見えないようにしてあった。

　書き手が犯人というトリックは、いまでこそ珍しくはありませんが、刊行当初は衝撃的だったと推察できます。わたしは高校生のときにはじめて読み、8割ぐらい読み進めたあたりで「ひょっとしたら」と感じて、心臓の高鳴りを覚えつつ、ポアロがもったいぶって犯人を名指しするのをはらはらして待ち受けた記憶があります。読了後、すぐに再読し、シェパード医師の大胆な語りをひとつひとつ確認しながら、ああ、ここでもやられた、ちゃんと書いてあるじゃないかと感心していたものですから、まったくアンフェアとは思いませんでした。とりわけ衝撃を受けたのが**6**の個所ですが、**5**の個所の personal うんぬんも、あとから読めばネタバレぎりぎりです（今回の解説を書くのも神経をつかいました）。

　この作品のミステリとしての秀逸さについては、霜月蒼『アガサ・クリスティー完全攻略』（『パディントン発4時50分』のこぼれ話であらためて紹介）で言いつくされているので、ぜひそちらを読んでみてください。

　これと似た叙述トリックを用いたクリスティーの後期作品があります。そちらはまったく異なった雰囲気をまとい、人間の浅ましさや恐ろしさが際立っているなど、随所にクリスティーのさらなる進化が見られるので、ぜひそちらも読んでください——といっても、タイトルを明かせないのですが、『アクロイド殺し』と並んでわたしの大好きな作品です。

★★ここまでネタバレ★★

第5章

アガサ・クリスティー

『パディントン発4時50分』
(1957年)

4.50 from Paddington

　ロンドンへ出かけたミセス・マギリカディは、パディントン駅を4時50分に出発する列車に乗りこんだ。うたた寝から覚めた彼女の目に飛びこんできたのは、恐ろしい光景だった。並行して走る列車のなかで、男が女を絞め殺しているとしか思えなかったのだ。

　すぐさま鉄道当局に報告したが、本気で取り合ってはもらえない。そこで、名探偵として知られる友人のミス・マープルにいきさつを説明し、ふたりで翌日の朝刊を待った。ところが、それらしきニュースはどこにも載っていなかった。ミス・マープルが旧知の警察関係者に相談したが、その後の捜査の結果、死体は発見されず、話にあてはまる女性が病院に収容された記録もない。ミセス・マギリカディは夢を見たのだろうか？

　友の話を信じるミス・マープルは、実際にパディントン駅からミセス・マギリカディが乗った列車に乗ってみた。そして、殺人犯は途中の大きなカーブで列車から死体を投げ落としたと推理した。その地点は富豪のクラッケンソープ家が所有する広大な敷地内にある。立証のための行動は自分の体力では無理だと考えたミス・マープルは、知り合いの有能な家政婦ルーシー・アイルズバロウをクラッケンソープ家へ送りこんだ。すぐに一家の信頼を勝ちとったルーシーは、数日後、納屋に置かれた石棺のなかに死体があるのを発見した。

　クラッケンソープ家の屋敷には、当主である偏屈な老人と長女エマが住んでいた。長男は戦死し、資産を狙う息子たちはそれぞれ個性的でいわくありげだ。放蕩画家の次男セドリック、金融街で働く三男ハロルド、怪しげ

な商売を営む四男アルフレッド、そして早世した次女イーディスの夫ブライアン……。だが、発見された死体にはだれも見覚えがなく、捜査ははかどらない。そこへ、さらなる事件が起こり……。

　善良な老婦人が、走る列車のなかから殺人を偶然目撃するという設定の奇抜さもあって、マープル・シリーズでもとりわけ人気の高い作品である。莫大な資産をめぐる一族の人間模様がていねいに描かれ、最後の謎解きまで読者の心をとらえて離さない。ときどきクラッケンソープ家に出入りするミス・マープルの鋭い観察力や含蓄あることばの数々は、どんな読者にも忘れがたい印象を残すだろう。

　2年前に患った肺炎の影響で医師から行動を制限されているミス・マープルにかわって、本作で活躍するのが、いわば「スーパー家政婦」のルーシー・アイルズバロウだ。オックスフォード大学の数学科を優秀な成績で卒業したが、学究生活をきらって家政婦になったという変わり種である。ルーシーが作るおいしそうなイギリス料理の数々に興味をそそられる読者も多いだろう。聡明で魅力的なルーシーをめぐって、男たちが演じる恋のさやあても、本作のもうひとつの魅力である。

ミセス・マギリカディから相談を受けたミス・マープ
ルが、列車で起こったと思われる殺人事件の解明に乗り
出すにあたって、自分がどんな援助を受けられるかを考
えています。

Dispassionately, like a general planning a campaign, or
an accountant assessing a business, Miss Marple weighed
up and set down in her mind the facts of and against
further enterprise. On the credit side were the following:

5

1. *My long experience of life and human nature.*

2. *Sir Henry Clithering and his godson (now at Scotland
Yard, I believe), who was so very nice in the Little Paddocks
case.*

3. *My nephew Raymond's second boy, David, who is, I am* 10
almost sure, in British Railways.

4. *Griselda's boy Leonard who is so very knowledgeable
about maps.*

Miss Marple reviewed these assets and approved them. 15
They were all very necessary, to reinforce the
weaknesses on the debit side—in particular her own
bodily weakness.

1 dispassionately　冷静に、感情を排して

1 general　将軍

4 enterprise　企画（ここでは、事件を解明する試み）

7 godson 名づけ子（ここでは、クラドック警部のこと）

7 Scotland Yard スコットランド・ヤード（ロンドン警視庁）

8 the Little Paddocks case リトル・パドックス（という建物）で起こった事件。『予告殺人』の事件を指す。

① 2行目の Miss Marple weighed up and set down in her mind the facts of and against further enterprise を、weighed up、set down、of、against の意味に注意して日本語にしてください。

② 4行目の the credit side、15行目の assets、17行目の the debit side は、それぞれどういう意味でしょうか。

③ 6行目の and が並べている語句は何と何でしょうか。

④ 8行目に very nice とありますが、親切だったのはだれでしょうか。

⑤ 15行目の approved は、ここではどういう意味でしょうか。

《解答・解説》

① ミス・マープルは今後の計画にまつわる諸事実やその難点を頭のなかで比較検討し、並べていった

　前から見ていくと、weigh up（重さを量る）と set down（書き留める）というふたつの動詞句が並んでいるのがわかります。ともに目的語として the facts 以下を従えていますが、その部分はやや長いので、前置詞句 in her mind のあとに置かれています。ここまでで、「頭のなかで……の重さを量り（比較検討し）、書き留めた（並べた）」という流れがわかります。

　the facts 以下については、and によって of と against

164

というふたつの前置詞が並んでいるのがわかるでしょう。くわしく言うと、the facts of further enterprise と the facts against further enterprise というふたつが weigh up と set down の対象だということであり、それぞれが「今後の計画に関する諸事実」と「今後の計画にとって不利になる諸事実」（下線部が of と against）とでも訳せるでしょう。ここでは、そのふたつを短くまとめて、「今後の計画にまつわる諸事実やその難点」と訳してみました。

　クラス生の訳文では、of と against のところを「有利」「不利」あるいは「長所」「短所」のように対にして処理していたものが散見されましたが、それは of を for（あるいは in favor of）と見まちがえたものと思われます。たしかに、for と against は「賛成」「反対」の意味でセットとなってよく出てくる表現ですが、ここはそれとは微妙に異なった組み合わせなので、意味がずれてしまいます。

② （順に）**貸方、資産、借方。ただし、訳出にあたっては、少し工夫が必要かもしれない。**

　この個所はミス・マープルが計画を実行するにあたって有利な点、不利な点を検討している場面ですが、2行目に an accountant assessing a business とあることと考え合わせると、意図的に会計の用語を使っていると考えられます。1から4までは、ミス・マープル自身も含めて、調査活動に有利な要素なので、the credit side（貸方）と表現され、その一方、最後の bodily weakness は不利な要素なので、the debit side（借方）と表現されていま

す。だから、訳出にあたっても、なるべく会計用語をそのまま使うべきです。

　ただ、ここでひとつ困った問題があります。15行目の these assets（これらの資産）は当然、その前の4つの好条件を指しているわけですが、会計や簿記の用語では、英語であれ日本語であれ、<u>資産は貸方ではなく借方に組みこまれる</u>ものなのです（意外に感じる人も多いでしょうが、会計や簿記にくわしい人に尋ねてみてください）。もちろん、on the credit side や on the debit side は一般的な慣用句として、「有利な点」「不利な点」と解釈することができ、資産は大ざっぱに言って有利な点の側にはいるんだからいいじゃないかという考え方もできます（作者もそう考えたはずです）が、先に書いたとおり、2行目で accountant にたとえているわけですから、やはり会計・簿記のルールに従った訳語を選びたいところです。

　以上のことを考慮し、わたしの訳例では「貸方」「借方」という訳語を使わず、逆に「有利な点」「不利な点」のような一般的な訳語も選ばず、on the credit side を「資産としては」、on the debit side を「負債とも呼ぶべき」とし、assets は「これら」と訳して逃げました。そんなふうにして、専門的にまちがっていない用語を使いつつ、原文のニュアンスに近づけたつもりです。

③ life と human nature

　ミス・マープルはこれまで長く生きてきたので、人生についても人間の性質についても、よく知っていて豊かな経験があります。My long experience of life and

human nature はそのことを言い表していますが、その
まま日本語にすると「人生と人間性についてのわたしの
長い経験」となり、ちょっとぎこちなくてつながりの悪
い感じがします。experience は「経験」という日本語よ
りもやや意味が広く、「経験によって得た知恵・技術・
能力など」も含めて指すことばであり、LDOCE では
knowledge or skill that you gain from doing a job or
activity, or the process of doing this と説明されています。
そこで、わたしの訳文では「人生と人間性に関する、わ
たし自身の長い経験と見聞」というように、「見聞」を
補いました。

　実は、クラス生の訳文の半数は、「わたしの長い人生
経験と人間性」という感じのものでした。これは and
によって long experience of life と human nature を並列
させる読み方をしています。たしかにこちらのほうが日
本語としては一見おさまりがいいのですが、自分自身に
ついて my human nature と言うのは不自然で大げさす
ぎます。

④　サー・ヘンリー・クリザリングの名づけ子（である
クラドック警部）

　なんとなく、ふたりが親切にしてくれたと読みたくな
るところですが、who was so very nice となっているので、
先行詞は単数であり、名づけ子だけのことだとわかりま
す。

　これはこの事件で捜査を担当するクラドック警部のこ
とで、『予告殺人』の事件ではじめて登場します。年齢
はわかりませんが、まだ若いのはたしかなので、訳文で

は、主語がふたりではないことをはっきりさせる意味も
こめて、「あの若い人」としました。

⑤ 価値を認めた

approve は日常的にもよく使う単語ですが、定訳とさ
れる「承認する」では、いまひとつ意味がはっきりしま
せん。ここでは、4つの項目が自分にとって役立つかど
うかを「査定」しているのですから、「役立つと認め
た」ということです。②にも書いたとおり、会計の用語
を並べている場面なので、訳文ではそれに合わせて「価
値を認めた」としました。会計の用語にこだわらなけれ
ば、「だいじょうぶだと思った」「納得した」などの訳
語でも OK です。

《訳例》

　まるで軍事作戦を練る将軍か、事業の査定をする会計
士のように冷静に、ミス・マープルは今後の計画にまつ
わる諸事実やその難点を頭のなかで比較検討し、並べて
いった。資産としては、こんなものがある。

　1　人生と人間性に関する、わたし自身の長い経験と
見聞。
　2　サー・ヘンリー・クリザリングと、その名づけ子
（いまはロンドン警視庁にいるはず）。あの若い人は、
リトル・パドックスでの事件のとき、とてもよくしてく
れた。
　3　甥レイモンドの次男デイヴィッド。たしか英国鉄
道に勤めている。

4　グリゼルダの息子レナード。地図にとてもくわし
い。

　ミス・マープルはこれらを見直し、それぞれの価値を
認めた。どれも不可欠で、負債とも呼ぶべき自分の弱点
を——特に、身体面の弱さを——補ってくれる。

　ミス・マープルから指示を受けたルーシーが，家政婦の仕事に就くためにクラッケンソープ邸に乗りこんだところです。

　Driving her own small car, Lucy Eyelesbarrow drove through an imposing pair of vast iron gates. Just inside them was what had originally been a small lodge which now seemed completely derelict, whether through war damage, or merely through neglect, it was difficult to be 5 sure. A long winding drive led through large gloomy clumps of rhododendrons up to the house. Lucy caught her breath in a slight gasp when she saw the house which was a kind of miniature Windsor Castle. The stone steps in front of the door could have done with attention and 10 the gravel sweep was green with neglected weeds.

4 derelict　打ち捨てられた
6 drive　私道
6 gloomy　陰鬱な
7 clump　茂み
7 rhododendron　シャクナゲ
11 sweep　車寄せ

① 文脈から考えて、2行目の imposing にはどんな訳語をあてるといいでしょうか。
② 文脈から考えて、3行目の lodge にはどんな訳語をあてるといいでしょうか。

③ 7行目でルーシーはなぜ息を呑んだのでしょうか。
④ 10行目の could have done with attention をわかりやすい日本語にしてください。

《解答・解説》

①「ものものしい」「いかめしい」など

　ルーシーはクラッケンソープ家の様子を探るために、いわば「素人スパイ」として送りこまれたのですから、多少とも不安であるはずです。imposing のもとの動詞impose には「威圧する」という意味があり、ここではこの語をルーシーの不安な気持ちの表れと考えるべきでしょう。辞書にある代表的な訳語は「堂々たる」ですが、それよりは威圧感を伝える「ものものしい」や「いかめしい」のほうがよい気がします。

　同様に、imposing のあとの pair も、「両開きの」などと忠実に訳出したほうが、門のものものしさを一段とビジュアルに読者に伝えることができるでしょう。

②「番小屋」「門番小屋」など

　lodge というと、別荘のたぐいを表すこともありますが、ここは門を通り抜けてすぐの場所にあるのですから、門番（守衛）の小屋（あるいは詰め所）だと考えられます。現在はなんらかの理由で使われなくなっていることが、ルーシーの不安をさらに少し掻き立てているはずです。

③ ウィンザー城の小型版のような建物が目にはいったから

主節のあとに when ではじまる従属節が来る場合、英語の順序と時間の流れが一致していて、「（主節）のときに、（従属節）」という順序で訳したほうが適切であることが多いのですが、ここは息を呑む原因が前になく、when 節の内容が原因だとしか考えられません。不安な思いをかかえているところにウィンザー城を思わせる古風な建物がいきなり現れたので、ルーシーは少し驚いたのでしょう。

　細かいことですが、動詞は looked ではなく saw ですから、訳す場合は「見た」ではなく「見えた」や「目にはいった」などとすべきです。主体的に見たのではなく、思わず目にはいったので、驚いたのです。

④ 手入れが行き届いておらず

　do with は多くの場合、人間を主語として、「～を利用する」という意味を持つ熟語です。よりよく知られている do without（～なしですます）の裏返しと考えてもいいかもしれません。

　この前に could がつくと、「～があると望ましい」というニュアンスの表現となります。もっとも、それを知らなかったとしても、could have done with attention は仮定法過去完了の形なので、「attention があればよかったのに」→「attention がもっと必要」と考えればじゅうぶん意味がわかるはずです。この場合の attention は、前後から考えて「手入れ」「掃除」のことです。

《訳例》

　ルーシー・アイルズバロウは自分の小型車を運転して、

両開きの巨大なものものしい鉄門を通り抜けた。中へは
いるとすぐ、かつてささやかな門番小屋だったものがあ
り、いまではすっかり荒れ果てていたが、それが戦争で
壊れたのか、単に放置されたせいなのかは定かではない。
長くうねる私道がシャクナゲの陰気な木立をくぐり抜け
て、屋敷までつづいていた。ウィンザー城の小型模型を
思わせるその建物が目にはいると、ルーシーは小さく息
を呑んだ。正面の石段は手入れが行き届いておらず、砂
利敷きの車寄せには緑の雑草が伸び放題だった。

　ポアロと並ぶ人気者のミス・ジェーン・マープルは、ロンドンから少し離れた架空の村セント・メアリ・ミードでのんびり暮らしています。村から出ないわけではなく、むしろ行動的な側面もありますが、この作品ではルーシーを自分のかわりに屋敷へ送りこみます。とはいえ、肝心なときにはみずから現場へ足を運び、最後は自分からちょっとした仕掛けを施して事件を解決します。

　ゴシップ好きの性格は、『アクロイド殺し』の医師の姉キャロラインを思い出させるところもあり、いわばその進化形です。推理をおこなう際のいちばんの武器は、鋭い人間観察力に裏打ちされた豊かな人生経験で、かつて村でこんな出来事があったとか、今回の事件のだれだれは村人のだれに似ているとか、身近のささやかな知識を手がかりに思考することが多く、このあとの**5**の文章にはその様子が少し描かれています。

　多くの映像化作品がありますが、いまいちばん観やすいのはジョーン・ヒクソンがマープルを演じるBBCドラマ版でしょう。わたし自身は、映画〈クリスタル殺人事件〉（1980年、原作『鏡は横にひび割れて』）でマープルを演じたアンジェラ・ランズベリーの印象が最も強く残っていますが、それはこの女優がよく似た主人公をTVドラマ〈ジェシカおばさんの事件簿〉で長く演じたせいかもしれません。

家政婦のルーシーが、一家の末娘イーディス（故人）の夫ブライアンに話しかけたところ、ブライアンは愚痴めいた調子で応じます。

'You were a fighter pilot, weren't you?' she said. 'You've got a D. F. C.'

'That's the sort of thing that puts you wrong. You've got a gong and so people try to make it easy for you. Give you a job and all that. Very decent of them. But they're all 5 admin jobs, and one simply isn't any good at that sort of thing. Sitting at a desk getting tangled up in figures. I've had ideas of my own, you know, tried out a wheeze or two. But you can't get the backing. Can't get the chaps to come in and put down the money. If I had a bit of capital—' 10

He brooded.

'You didn't know Edie, did you? My wife. No, of course you didn't. She was quite different from all this lot. Younger, for one thing. She was in the W. A. A. F. She always said her old man was crackers. He is, you know. 15 Mean as hell over money. And it's not as though he could take it with him. It's got to be divided up when he dies. (...)'

2 D. F. C. 空軍殊勲十字章（Distinguished Flying Cross）

4 gong 勲章

6 admin job 事務職（admin は administrative の略）

7 tangle もつれさせる

8 wheeze　思いつき、計画

9 backing　支援

9 chap　男、やつ

11 brood　じっと考える

13 lot　連中、人々

14 W. A. A. F.　空軍婦人補助部隊

15 old man　父親

15 crackers　（複数形で、形容詞的に使われる）気が変な

① 4行目の make it easy for you は、ここではどういう意味でしょうか。

② 5行目の them は何（だれ）を指しているでしょうか。

③ 6行目の one は何（だれ）を指しているでしょうか。

④ 7行目の figures はどういう意味でしょうか。

⑤ 9行目の Can't get the chaps to come in and put down the money. を日本語にしてください。

⑥ 15行目の He is, you know. を、ことばを補って日本語にしてください。

⑦ 16行目の Mean as hell over money. を日本語にしてください。

《解答・解説》

① 「面倒を見てくれる」「やさしくしてくれる」など

　そのまま訳せば「あなたを楽にしてあげようとする」という感じでしょうか。it は漠然とした状況を指しています。そのあとの「仕事を紹介したり、いろいろ」につながるのであれば、どんな訳語でもいいと思います。

② people

　直前の文を受けて、decent of them を「悪くない仕事」などと解釈した人もいるかもしれませんが、それでは of の説明がつきません。この of は、It is kind of you ... などと同じく、人の性質を表すときに用いる前置詞で、「彼らは親切だ」と言っているわけですが、そのあとの内容から考えると、皮肉をこめて言っているにちがいないので、訳文は「ご親切なことさ」としました。

　直後の But they're ... の they が「そういう仕事」を指しているので、ちょっとまぎらわしくはあります。

③ ぼく（ブライアン）

　3行目からつづけて出てくる you は、「あなた」ではなく漠然と「人々」の意味ですが、内容から考えて、語り手のブライアン自身のことでもあります。そのあとの one も事実上同じ働きであり、ここは「自分はそういう仕事にまったく向いていない」という意味にとらえないとその前とつながりません（「そういう仕事に向いていない人もいる」のように訳すこともできます）。

　さらにつぎの行では I が主語となっているので、You → one → I がほぼ同じ意味だということになります。ちょっと乱れすぎの感じもしますが、会話文ではこのぐらいの「ぶれ」があることも珍しくありません。

④ （たくさんの）数字

　figure には「姿」「人形」など、いろいろな意味がありますが、ここは事務仕事の中身を説明しているので、tangled up in figures で「たくさんの数字にがんじがら

めになっている」といった意味となります。

⑤ 計画に賛同して金を出そうという人間を集められないんだ。

　前の文で「支援を得られない」と言っていて、この文はそれを具体的に説明しています。クラス生の訳では、come in を「支援しにくる」、put down the money を「購入する」と考えた例や、両方合わせて「購入しにくる」と考えた例が散見されましたが、put down the money は要するに金を「置く」ということなので「購入」ではなく「資金援助」と考えるのが自然です。また、つぎの If からの文も資金の話をしていますから、あいだに購入の話がはいるとは考えにくいです。

⑥ 知ってのとおり、彼（父親）は実際に変人だ。

　直前に her old man was crackers とありますから、He is のあとには crackers が省略されていると考えるのが自然です。

⑦ ひどいけちん坊だ。

　as hell は「ものすごく、ひどく」という意味の口語で、形容詞や副詞のあとに置かれるのがふつうです。形容詞の mean は「卑劣な、卑しい」という意味なので、この個所は very mean over money をやや強くした感じで、直訳すれば「金に関してきわめて卑しい」ということです。

「戦闘機のパイロットだったんですよね」ルーシーは言った。「空軍殊勲十字章をお受けになった」

「そういうものが人間をだめにするんだ。勲章をもらったってことで、みんなが面倒を見ようとしたがる。仕事の世話をしてくれたり、いろいろね。ご親切なことさ。でも、どれも事務仕事で、ぼくはそういうのがからきし苦手でね。机の前にすわって、数字と格闘するなんて。ぼくにも考えがあって、ひとつふたつ事業をやってみようとしたことがあるんだよ。だけど、支援者がいない。計画に賛同して金を出そうという人間を集められないんだ。もし少しばかり元手があれば——」

ブライアンはしばし思いに沈んだ。

「きみはイーディーを知らなかったよね。妻だよ。ああ、もちろん、知ってたはずがないな。妻はこの家の人たちとはずいぶん毛色がちがった。みんなより若かったしね。空軍婦人補助部隊にいたんだ。自分の父親はとんでもない人だって、いつも言ってたよ。実際にそうだろ？　ひどいけちん坊だ。あの世まで金を持っていけるわけじゃないのにな。死んだら財産は分配されることになってるんだ。（略）」

一家の次男セドリックが心理学の話を持ち出したので、クインパー医師が素人の口出しをやんわりと批判し、愚痴をこぼしつづける場面です。セドリックの妹エマとミス・マープルが同席しています。いまは午後です。

'Psychology's all right if it's left to the psychologists. Trouble is, everyone is an amateur psychologist nowadays. My patients tell *me* exactly what complexes and neuroses they're suffering from, without giving me a chance to tell them. Thanks, Emma, I will have another 5 cup. No time for lunch today.'

'A doctor's life, I always think, is so noble and self-sacrificing,' said Miss Marple.

'You can't know many doctors,' said Dr Quimper. 'Leeches they used to be called, and leeches they often 10 are! At any rate, we do get paid nowadays, the State sees to that. No sending in of bills that you know won't ever be met. Trouble is that all one's patients are determined to get everything they can "out of the Government," and as a result, if little Jenny coughs twice in the night, or little 15 Tommy eats a couple of green apples, out the poor doctor has to come in the middle of the night.(...)'

4 neuroses　neurosis（神経症）の複数形

11 the State　国（政府）

11 see to that　面倒を見る（ここでは、保険制度によって医療費を国家が負担すること）

① 3行目の My patients からの1文を、me のイタリック体などに注意して日本語にしてください。

② 9行目の can't はどういう意味でしょうか。

③ leech を辞書で調べたうえで、10行目の Leeches they used to be called, and leeches they often are! をわかりやすい日本語にしてください。

④ 12行目の No sending in of bills that you know won't ever be met. を、構文に注意して日本語にしてください。

⑤ 16行目の a couple of green apples はどう訳せばいいでしょうか。

⑥ 16行目の out は、この文のなかでどんな働きをしているでしょうか。

《解答・解説》

① **患者たちときたら、ごていねいに、どんなコンプレックスだの神経症だのをかかえていると自分から説明してくださるものだから、こっちは何も言えずじまいだよ。**

　診断のプロである医者の仕事に素人が口出しすることを嘆いている文です。ポイントは *me* のイタリック体とそのあとの exactly の処理のしかたです。

　me がイタリック体になっているのは、本来なら医者である自分が患者たちに診断結果を告げるはずなのに、逆に患者たちが自分に告げるというばかばかしさを強調するためです。訳出の方法はいろいろありますが、「わたしに」に傍点をつけるのが最適とはかぎらず、「このわたしに」にする手もありますし、むしろ「患者たち」に傍点をつけるほうが意図が伝わるかもしれません。

exactly は「正確に」でもまちがいではありませんが、「事細かに」「あれこれくわしく」などのほうがここでは文脈に合います。

わたしの訳では、*me* のイタリック体と exactly のニュアンスを「自分から」と「ごていねいに〜くださる」で表してみました。「このわたしに事細かに説明する」などでもじゅうぶんです。

② 〜はずがない（可能性の否定）

can't(cannot) の代表的な意味は「〜できない」ですが、この You can't know many doctors, を「多くの医者を知ることができない」という意味にとらえても、前のミス・マープルの発言とは噛み合いません。

この can't を「〜はずがない」（可能性の否定、「〜にちがいない」という意味の反対）ととらえると、「あなたは多くの医者を知っているはずがない」→「少ししか知らないから、そんなふうに褒めたたえることができるんだ」という自虐的な意味合いを汲みとることができ、この流れにぴったりあてはまります。

訳例の「医師を多くご存じではありませんね」は以上を踏まえたものです。

③ かつては医家<ruby>リーチ</ruby>などと呼ばれたものですが、いまでは蛭<ruby>リーチ</ruby>のごとく、しじゅう患者から搾りとるわけだ！

これは意味をとるのがむずかしく、また、わかったとしても、日本語で表現するのがさらにむずかしいです。

現代語の leech は「蛭」という意味ですが、古い英語では「医師」という意味がありました。まったく蛭と無

関係というわけではなく、かつては蛭を使って患者から血を吸い出すことが治療とされていたので、そこからついた呼び名だったようです（ただし、その由来をここで訳文に反映する必要はありません）。

　一方、現代の医師は leech と呼ばれていませんが、後半で leeches they often are と言っているのは、医師は蛭と似ているということであり、蛭と言えば血を吸う生き物なので、勘のいい人なら、医師は患者のお金を吸いとるという意味で蛭と似ていると言いたいのだと推測できるでしょう。ここまででわからなかったとしても、つぎの文以降の内容から納得できるはずです。

　訳出処理としては、ルビ処理で「リーチ」と入れるか訳注をつけるか、どちらかを使わないとむずかしいですが、訳注というのは最後の手段であり、可能なかぎり入れたくありません。

　そんなわけで、わたしは「医家〔リーチ〕」「蛭〔リーチ〕」のようにルビをつけ、後半に「しじゅう患者から搾りとる」と補ってみました。「医家」というちょっと聞き慣れないことばを選んだのは、古めかしさを伝えるためです（最初は古語の「薬師（くすし）」にしたのですが、「リーチ」とルビをふると「やくし」と読む人が多く、医師ではなく薬剤師を連想されそうなので、やめました）。

④　**支払われるはずがない請求書を送りつけることもなくなった。**

　関係代名詞 that 以下が少しわかりにくいですが、先行詞は bills（請求書）で、meet a bill（勘定を払う）という表現が組みこまれています。もともとは You know

bills won't ever be met.（永遠に請求額が支払われること
がないとあなたは知っている）という文があって、その
bills だけが前に出て先行詞となった形です。

　わかりにくい場合、you know を括弧でくくっていっ
たんはずし、bills that won't ever be met という形を確認
すると見通しがよくなるでしょう。この種の形が苦手な
人は、文法書などで「連鎖関係（代名）詞節」について
の説明を読んでみてください。

⑤　まだ熟していないリンゴ（数個）

　保険制度が整備されたおかげで医療費を国が負担する
ようになり、その結果、人々は（お金がかからないの
で）些細なことでも医者を呼ぶようになった、と言って
いる場面です。little Jenny と little Tommy は、単に子供
の名前の例としてあげられています。

　little Jenny については coughs twice in the night（夜に
2回咳をする）だけで医者を呼ぶと言っているのですか
ら、little Tommy についても<u>医者にかかりたくなる理由</u>
が書かれているはずです。green apple は「青リンゴ」
を表すことばですが、ここではリンゴの種類を言っても
意味がなく、「まだ青いリンゴ」「まだ熟していない硬
いリンゴ」を食べたから親が心配すると考えるほうが筋
が通ります。

　a couple of は「2個」と「数個」の両方が考えられ、
ここはどちらでもかまいません。

⑥　come out の out が前へ出て、「外」であることを強
調し、往診をさせられる苦痛を際立たせている。

the poor doctor has to come out in the middle of the night がふつうの形ですが、out を先に言うことで、「よりによって外へ呼び出されるなんて！」という気持ちを強く伝えています。

《訳例》

「心理学は心理学者にまかせておけばいいんだ。困ったことに、近ごろはだれもが素人心理学者でね。患者たちときたら、ごていねいに、どんなコンプレックスだの神経症だのをかかえていると自分から説明してくださるものだから、こっちは何も言えずじまいだよ。ありがとう、エマ、もう一杯いただこう。きょうは昼食をとる暇もなくてね」

「つねづね思いますけど、お医者さまというのは、とっても気高くて自己犠牲をいとわないのね」ミス・マープルは言った。

「医師を多くご存じではありませんね」ドクター・クインパーは言った。「かつては医家などと呼ばれたものですが、いまでは蛭のごとく、しじゅう患者から搾りとるわけだ！ ともあれ、最近は国が肩代わりしてくれて、稼ぎがよくなりましたがね。支払われるはずがない請求書を送りつけることもなくなった。いまの問題は、どの患者も"お上から"とれるものはとってやろうと心に決めていることです。そのせいで、ちっちゃなジェニーが夜に二度咳をしたとか、かわいいトミーが熟していないリンゴをいくつか口にしたとかで、哀れな医師は真夜中に呼び出される始末だ。（略）」

　クリスティーの作品を楽しむためのガイドブックは無数にあります。作者の伝記や、歴史的背景、料理、建物などなどに関する本も興味深いのですが、作品そのもの、それも正真正銘の全作品と向き合って詳述した力作が、『アガサ・クリスティー完全攻略〔決定版〕』（霜月蒼、ハヤカワ文庫）です。

　この本では、プロの書評家でありながらクリスティー作品をほとんど読んでいなかった霜月さんが、一念発起して、全作品をほぼ刊行順に読んでいき、1作1作について具体的に論じていきます。未読の一般読者に近い目線を保ちつつ、プロとしての該博な知識や鋭利な分析力を武器にして論じ、最終的には体系的かつ独創的なクリスティー論が編みあげられていくさまは、読者にたぐいまれな読書体験を与えてくれます。この本は日本推理作家協会賞と本格ミステリ大賞の評論などの部門で受賞しました。この本が出たあと、わたしはクリスティー作品を1作読むたびに、かならず霜月さんがどう書いているかを確認します。

　クリスティー作品でおもしろいのは、ポアロやマープルのシリーズだけではありません。ミステリのオールタイムベストワンによく選ばれる『そして誰もいなくなった』はノンシリーズですし、夫婦探偵トミー＆タペンスのシリーズもあります。ほかにも、ミステリのジャンルに属さない秀作『春にして君を離れ』などなど、読み応えあるクリスティー作品は尽きることがありません。

犯人を言いあてる秘訣をルーシーがミス・マープルに
尋ねる場面です。少し前にミス・マープルは、一家の次
男セドリックを、知り合いの銀行支店長の息子に似てい
ると言いました。ハロルドは一家の三男です。

'Do you feel that if you saw the person who had done
the murder, you'd know?' asked Lucy.

'Oh, I wouldn't say *that*, dear. One is always inclined to
guess — and guessing would be very wrong when it is a
question of anything as serious as murder. All one can do 5
is to observe the people concerned — or who might have
been concerned — and see of whom they remind you.'

'Like Cedric and the bank manager?'

Miss Marple corrected her.

'The bank manager's *son*, dear. Mr Eade himself was far 10
more like Mr Harold — a very conservative man — but
perhaps a little too fond of money — the sort of man, too,
who would go a long way to avoid scandal.'

13 go a long way to　あれこれ手を尽くす

① 1行目の that ではじまる節はどこで終わるでしょう
か。
② 3行目の One はだれ（何）を指しているでしょうか。
③ 7行目の see of whom they remind you を日本語にし
てください。
④ 11行目の conservative にはどんな訳語をあてるとい

いでしょうか。

《解答・解説》

① 文末の know までつづく。

if you saw the person who had done the murder までが
that 節のなかの従属節で、主節はそのあとの you'd know
です。殺人を目撃することは現実にはありえそうもない
ことなので、仮定法過去の形が使われています。

② われわれみんな

3の③でも出てきたとおり、one は自分のことも不特
定多数のことも言い表せることばですが、ここでは、マ
ープル自身も含めた「みんな」ととると筋が通ります。
always がついた文なので、まとめて「だれもが」にし
てもいいと思います。

③ ほかのだれのことが頭に浮かぶかを考える

remind A of B は「A を B に思い出させる」ですから、
比較的簡単に「彼らがあなたにだれのことを思い出させ
るか」という意味だとわかったでしょう。

この whom は関係詞ではなく、これは疑問代名詞の
前に of が出た形です（関係代名詞なら先行詞が必要で
すが、この個所にはありません）。

④ 「堅実な」「手堅い」など

もちろん、「保守的な」でもまちがいではありません
が、ここはつぎに but perhaps a little too fond of money
（でも、お金への執着がちょっと強すぎて）と来て、逆

接の but 以下にマイナスのイメージの内容が来るので、but の前はできればプラスのイメージを持つことばを選んだほうがバランスがよくなります。

《訳例》

「殺人を犯した人に会ったら、そうだとわかるとお思いですか」ルーシーは尋ねた。

「いえ、わかるとまでは言いませんよ。推測というのはだれもがしがちだけれど——殺人のような重大な問題のときに、推測なんかに頼るのは大まちがい。できるのは、関係者を——あるいは、関係があったかもしれない人たちを——観察して、ほかのだれのことが頭に浮かぶかを考えることだけなのよ」

「セドリックを見て例の銀行支店長を思い出すように?」

　ミス・マープルは訂正した。

「銀行支店長の息子よ。ミスター・イード本人はハロルドのほうにずっと似ていたの——ずいぶん堅実な人だったけど——お金への執着がちょっと強すぎて——それに、スキャンダルを避けるためにあらゆる手を尽くすような人でもあった」

6

　一家の面々がそろっているところへ、まもなくミセス・マギリカディがやってくる場面です。ミス・マープルが魚のペーストのサンドイッチを口にします。

She gave a sudden gasp and began to choke. 'A fish bone,' she gasped out, 'in my throat.'

Quimper rose quickly. He went across to her, moved her backwards towards the window and told her to open her mouth. He pulled out a case from his pocket, 5 selecting some forceps from it. With quick professional skill he peered down the old lady's throat. At that moment the door opened and Mrs McGillicuddy, followed by Lucy, came in. Mrs McGillicuddy gave a sudden gasp as her eyes fell on the tableau in front of her, Miss Marple 10 leaning back and the doctor holding her throat and tilting up her head.

'But that's *him*,' cried Mrs McGillicuddy. 'That's the man in the train ...'

With incredible swiftness Miss Marple slipped from the 15 doctor's grasp and came towards her friend.

1 gasp　息を呑む（こと）
6 forceps　鉗子、ピンセット
10 tableau　活人画（人間が扮装して静止し、ある場面を再現すること）、光景

① 3行目の across の品詞はなんでしょうか。

② 3行目の moved her backwards towards the window を、情景がわかるような日本語にしてください。

③ 文脈から考えて、6行目の some forceps にはどんな訳語をあてればいいでしょうか。

④ 10行目の Miss Marple leaning back and the doctor holding her throat and tilting up her head を、情景がわかる日本語にしてください。

⑤ 13行目の 'But that's *him*,' で、that と *him* はそれぞれ何（だれ）を指しているでしょうか。また、文頭の But はどういう用法でしょうか。

《解答・解説》

① 副詞

across は前置詞だと思われがちですが、He went across to her. においては、across のあとに名詞がないので（the room が省略されているとも考えられます）、これは go にかかる副詞と見なすべきで、場所を表す前置詞はつぎの to です。

このように、前置詞のあとに名詞が省略されて副詞の役割を果たす例は、in、on、along など、いくつもあります。たとえば、He put his raincoat on. の on は、あとに himself があれば前置詞ですが、ないのですから副詞です。

② （ミス・マープルを）あとずさりで窓辺までさがらせた

サンドイッチを食べていたミス・マープルが喉に魚の骨が刺さったと言ったので、クインパー医師は口のなかをよく見るために、おそらくミス・マープルを立ちあがらせて、窓辺へ移動させます。moved her backwards という言い方なので、単に「後方へ動かした」ともとれますが、そのあとの展開（ミス・マープルがドアの側を向いて「活人画」を作る）を考えると、ゆっくりとあとずさりをさせたと見なすのが自然でしょう。

③（1本の）ピンセット

　forceps は辞書には「鉗子、ピンセット」とあり、画像検索するとそのふたつが半々で出てくる感じです。ここは5行目にあるとおり、医師がポケットから取り出したケースにはいっていたのですから、ふだん持ち歩いているものとしては、鉗子のように手術に使う大げさなものではなく、小さなピンセットだと考えるべきでしょう。

　また、ほとんどのクラス生が、鉗子であれピンセットであれ、some を「いくつかの」「何本かの」と訳していましたが、forceps は scissors（はさみ）と同じく、2本の脚がついたものがひとつを表すので、s がついているからといって2本以上とはかぎりません。この場面で医師がピンセットを2本取り出すとは思えないので（2本同時に手に持ったら作業ができません）、1本のピンセットと考えるべきです。

④　ミス・マープルが体をのけぞらせ、医師がその喉もとを押さえて、顔を上へ向けさせている

　ここは部屋にはいってきたミセス・マギリカディが見

た光景（活人画）を説明しています。Miss Marple leaning back と the doctor holding her throat は、どちらも意味上の主語が現在分詞の前についた形で、「ミス・マープルが体をのけぞらせ」「医師がその喉もとを押さえて」でしょうが、最後の tilting up her head がわかりにくい。意味上の主語は the doctor で、tilting up は「傾けて持ちあげる」ですが、問題は her head です。まちがいやすいのですが、head は日本語の「頭」（額から上）ではなく、「頭部」（首から上）を表すことばです。ここでは、頭部全体を上に向けさせて口のなかをのぞきこんでいるのですが、訳文では、ミセス・マギリカディから見える光景としてわかりやすくするために、「顔を上へ向けさせている」としました。重要なのは head の意味を勘ちがいしないことです。

⑤ that は「そこにいる男」、him は「列車にいた殺人犯の男」。But は驚きを表す語句の前につくことがあり、訳出する必要はない。

「その男が犯人だ」という全体の意味は多くの人が読みとれたと思いますが、that と him のどちらがどちらなのかはわかりにくいところです。つぎの文が That's the man in the train ... であり、これは that's him を説明した文ですから、双方の主語の that は同じもの（人）を指していると考えるのが筋です。となると、that が指すのは「そこにいる男」であり、前の文の補語の him はあとの文の補語の the man in the train と同じ「列車にいた男」＝「殺人犯」です。

　But については、前の何かに対しての逆接を表してい

193

るわけではないので、不要と言えば不要ですが、心のなかで「ありえないけど」や「信じられないけど」とひとりごとを言ったつづきと考えれば、それなりに筋が通るのではないでしょうか。

《訳例》

　突然、ミス・マープルが息を詰まらせ、むせはじめた。「魚の骨が」苦しげに言う。「喉に」

　クインパーがすばやく立ちあがった。ミス・マープルのもとへ歩み寄って、あとずさりで窓辺までさがらせたあと、口をあけるように言った。ポケットからケースを出し、そこにあったピンセットを手にとる。それから医師らしい慣れた動きで、老婦人の喉の奥をのぞきこんだ。ちょうどそのときドアが開き、ミセス・マギリカディが、そしてルーシーが部屋にはいってきた。ミセス・マギリカディは目の前の光景にはっと息を呑んだ。ミス・マープルが体をのけぞらせ、医師がその喉もとを押さえて、顔を上へ向けさせている。

　「その男よ」ミセス・マギリカディは大声で言った。「列車にいた男……」

　驚くべき俊敏さで、ミス・マープルは医師の手をすり抜け、友のもとへ駆け寄った。

　この作品を読了した人の多くが真犯人の正体以上に話題にするのが、「最後にルーシーはだれを選ぶのか」です。50人ぐらいの翻訳クラス生にアンケートをとったところ、ブライアンと答えた人が60％、セドリックが30％、残りがクラドック警部と当主ルーサーでした。

　ブライアンを選んだ人の多くは「ちょっと頼りないので、しっかり者のルーシーがほうっておかない」という理由をあげました。ほかに、「息子アレクサンダーともうまくいっているから」「クラッケンソープ家とのしがらみが少なく、結婚後の自由度が高いから」「夢想家のブライアンと頭脳明晰なルーシーが組むのは理想的」などなど。ブライアンに犯人の可能性があると知ったときのルーシーの狼狽（ろうばい）ぶりから推理した人もいました。

　遊び人のセドリックを選んだ人のほとんどは、豚小屋でのセドリックとのやりとりがルーシーにとって決定的な印象を残したことをあげています。一方、ルーシーが惹かれているのは確実としながらも、夫の浮気が原因で離婚したクリスティーがこんなチャラい男を選ばせるはずがない、という生々しい回答もありました。

　最後のミス・マープルの思わせぶりな態度を見るかぎり、クラドック警部という答も脈がありそうですが、このあとの作品にも登場するクラドックからは、ルーシーの存在が感じられません。

　みなさんもぜひその点について語り合ってみてください。読書会の課題書にぴったりの作品です。

★★ここまでネタバレ★★

騙りのミステリー——
クリスティーはなぜ読み継がれるのか

大矢博子

　1920年に『スタイルズ荘の怪事件』でアガサ・クリスティーがデビューしてから、すでに100年以上が経ちます。にもかかわらず、今も新訳が刊行され、映画やドラマの新作が作られる。その時代を超えた人気はまさにミステリの女王と呼ばれるに相応しいものでしょう。

　なぜそんな昔の作品が今も読み継がれているのか？　それはひとえに彼女の作品が時代も国も選ばない、〈語り〉のテクニックを駆使した〈騙り〉のミステリだからに他なりません。

　特定の時代にのみ存在した道具を用いる物理的なトリックは、どうしても古びます。もちろん時代小説的な楽しみ方はできますし、当時の名トリックの輝きが変わるものではありません。しかしクリスティーはほとんどの作品で、物理的トリックよりも言葉で読者を騙すという仕掛けに注力しています。そして言葉で騙される驚きや快感は時代を選ばないのです。

　——と言うと、彼女の大出世作であり叙述トリックの金字塔とされるあの名作を思い浮かべることでしょう。ですがその作品に限らず、クリスティーの作品には、真相がわかったとき「やられた！」と思うと同時に「ズルい！」と感じてしまうものが多々あります。ズルい、と思ったあとで読み直し、いや、めちゃくちゃフェアだったわ、ぜんぜんズルくなかったわ、と感嘆するところまでがワンセットなのです。

　クリスティーは、このフェアとアンフェアの境界を絶

妙な感覚で行き来するのが抜群に上手い作家です。「地の文で嘘を書かない」というフェアネスの大前提を守った上で、ルールブックの穴を突くような仕掛けを繰り出す。アンフェアに見せかけて実はとてもフェア、というのが彼女の最大の魅力だと私は考えています。

では嘘を書かずにどうやって読者を騙すのか？　彼女が得意とした手法がふたつあります。

ひとつは省略の技法。具体的なことをわざと書かないという方法です。書かないだけならアンフェアですが、読者が書かれていない部分を勝手に想像し、勝手に補うような書き方をするのがミソ。たとえば（これはクリスティーの話ではなく一般的な例ですが）職場で予定外の用事ができて、帰るのが遅くなったというような文章があれば、何か仕事がらみで残業になったんだなと思うでしょう。しかしその「用事」が殺人だったりするわけです。具体的でないだけでちゃんと書いてある。だからアンフェアではないわけです。

もうひとつは、これこそがクリスティーの代名詞だと私は思っているのですが、ひとつの言葉にふたつの意味を持たせて読者を誤誘導するテクニックです。double meaning、あるいは double-edged remark と呼ばれる手法です。

最も単純な例を出せば、彼、彼女、といった代名詞がそれにあたります。たとえば作中で登場人物が「なぜ彼女は来なかったのかしら」と呟いたとする。読者は話の流れから勝手に「彼女」が示す人物が誰なのかを想像しますが、実は話者が意図したのは別の人物だった、というケースです。

何気ない言葉が、あとになってみればまったく別の意味だったという技も、クリスティーはよく使います。たとえば登場人物が思いがけない場所で思いがけない相手に出会って「焦った」という表現があったとき、予期せぬ出会いに驚いたんだろうと読者は勝手に解釈します。しかし最後にその人物が犯人だったことがわかり、「焦った」のは犯行現場を見られた恐れがあったからだと判明するわけです。

　その瞬間、それまで思い浮かべてきた絵がくるりと反転する、その快感と恐ろしさたるや！

　このように、再読して初めてわかるダブルミーニングはクリスティーの多くの作品に登場します。嘘をつかないようどれほど緻密に言葉が選ばれているか驚きますよ。だからクリスティーの小説は再読が面白いのです。

　他に、英語そのものがもともと二重の意味を持っている場合もあります。本篇の『アクロイド殺し』を扱った章で "I'm very sorry" という言葉には「ごめんなさい」と「気の毒に思う」のふたつの意味があるので訳出が難しい、と越前さんが書いておられますが、これもまさに double-edged remark の例です。

　と、実はここが難しいところ。

　私は冒頭で、クリスティーの〈騙り〉による仕掛けは時代も国も選ばないと書きましたが、厳密には国は選ぶんですよね。なぜなら、この "I'm very sorry" のように、英語だからこそ成立する〈騙り〉も多々あるから。

　"I'm very sorry" を「お気の毒に」の意味で言ったのに相手が勝手に「ごめんなさい」だと解釈してしまった、というようなケースでは翻訳者の訳し方ひとつで仕掛け

が潰れてしまいます。

　他に、英語のイディオムを使った仕掛けもあります。途中まで書かれた文章を読んで、そこに使われている動詞そのままの意味に受け取っていたら、実はそのあとに続く前置詞が隠されていて意味が違っていた——たとえば get とあったので手に入れたという意味だと思ったら、実はそのあとに out が隠されていた——というような場合も翻訳者泣かせです。原文を読んで「ここ日本語でどう訳すの?」という箇所を邦訳で確認し、「うわあ、そう来たか!」と膝を打ったことも多々あり。翻訳者は英語以上に日本語に堪能でなければならない、という意味がよくわかります。

　訳が正確でなければならないのはもちろんですが、クリスティーのように言葉のひとつひとつに企みが詰まっている作家は、翻訳がかなりたいへんだと思います。過去には、訳者がクリスティーのミスディレクションにひっかかってしまい、結果として誤訳となった例も複数ありました。ですがそれを責める気にはなれないんです。だってクリスティーの騙しが巧すぎるんだもの!

　そんな中、double-edged remark の訳が最も難しいのは、短篇集『火曜クラブ』の表題作ではないでしょうか。ある単語のふたつの意味を、知っている人には当たり前すぎて、知らない人には解説されてもピンとこないこの短篇、あなたならどう訳しますか?

第6章

コナン・ドイル

『恐怖の谷』
(1914年)

The Valley of Fear

あらすじ・概略

《第1部》

　ある日、ベイカー街のシャーロック・ホームズとワトスンのもとへ暗号文入りの手紙が届いた。差出人は悪の犯罪集団の幹部のひとりであり、ホームズの宿敵モリアーティ教授の仲間だという。暗号文を解読すると、そこには、バールストンの館に住むダグラスという資産家に身の危険が迫っている、と書かれていた。

　そこへロンドン警視庁のマクドナルド警部がやってくる。警部の話によると、昨夜、まさにそのバールストンの領主館で主人のダグラスが殺害されたという。ホームズはワトスンとともにその田舎の村へ急行する。

　バールストンに到着した一行は、現地のメイスン警部から説明を受ける。ダグラスは至近距離から撃たれたらしく、死体の顔はめちゃくちゃで、指からなぜか結婚指輪が消えていた。発見者は屋敷を訪れていた友人のバーカーで、ダグラスとはアメリカにいたころに知り合ったという。バーカーは銃声を聞いてすぐに駆けつけたが、犯人はすでに姿を消していた。

　屋敷はまわりを堀で囲まれ、簡単には出入りできない。いったい犯人はだれで、どのようにしてこの館から逃げ出したのだろうか。その謎をホームズが解き明かす。

《第2部》

　舞台はアメリカの炭鉱地帯ヴァーミッサ渓谷。ここではスコウラーズという集団が暴力で町を支配し、一帯は「恐怖の谷」と呼ばれている。そこへマクマードという陽気な男がやってきて、スコウラーズに入団する。マク

マードは事件を起こしてシカゴから逃げてきたと語り、マギンティ支団長をはじめとする荒くれ男たちとの交流を深めて、すぐにその集団で頭角を現していくが……。

　コナン・ドイルが生み出した世界で最も有名な探偵シャーロック・ホームズが登場する長篇作品は4作しかない。『緋色の研究』、『バスカヴィル家の犬』、『四つの署名』、そして最後を飾るのが本作『恐怖の谷』だ（ただし、事件が起こった順では、むしろ初期である）。『恐怖の谷』はほかの長篇作品と比べて知名度がやや低いものの、推理の鋭さもプロットのおもしろさも随一と言ってよく、多くの読者に強く支持されてきた。
　ホームズ作品の長篇は2部構成になっているものが多く、本作もそうだ。第1部「バールストンの悲劇」では、領主館の殺人事件をホームズが解決するまでをワトスンが語っていく。第2部「スコウラーズ」は一見第1部とは無関係のようで、時代も舞台も異なり、ホームズもワトスンもずっと登場しない。しかし、ただの過去の回想だと思って読んでいくと、第1部に劣らぬ、いや、それ以上のサプライズが用意されている。ミステリの醍醐味を1作で2度楽しめる秀作なので、未読のかたはぜひこの機会に手にとってもらいたい。

ホームズがワトスンに、モリアーティ教授の恐ろしさ
を語る場面です。

'(...) You have heard me speak of Professor Moriarty?'

'The famous scientific criminal, as famous among
crooks as —'

'My blushes, Watson!' Holmes murmured in a
deprecating voice.   5

'I was about to say, as he is unknown to the public.'

'A touch! A distinct touch!' cried Holmes. 'You are
developing a certain unexpected vein of pawky humour,
Watson, against which I must learn to guard myself. But
in calling Moriarty a criminal you are uttering libel in the 10
eyes of the law — and there lie the glory and the wonder
of it! The greatest schemer of all time, the organizer of
every deviltry, the controlling brain of the underworld, a
brain which might have made or marred the destiny of
nations — that's the man!(...)'   15

3 crook　悪党

4 blush　赤面

5 deprecating　（イギリス英語で）謙遜する

7 touch　手際のよさ、巧妙さ

8 vein　傾向

8 pawky　巧妙な、抜け目のない

10 libel　名誉毀損

12 schemer　陰謀家、策士

13 deviltry　悪魔的所業

14 mar　損なう、傷つける

① 4行目でホームズはなぜ「赤面するよ」と言って恥ずかしがっているのでしょうか。

② 7行目の 'A touch! A distinct touch!' はどういう意味でしょうか。また、なぜホームズはそう言ったのでしょうか。

③ 10行目 in calling Moriarty a criminal you are uttering libel in the eyes of the law を日本語にしてください。

④ 12行目の it は何を指しているでしょうか。

⑤ 13行目 a brain which might have made or marred the destiny of nations を複数形や時制に注意して正確に日本語にしてください。

《解答・解説》

① ワトスンが「悪党のなかでモリアーティが有名なのは、一般人（善人）のなかでホームズが有名なのに匹敵する」などと言おうとしていると勘ちがいしたから

　2行目から6行目にかけては、読みとりがむずかしく、訳出するのはさらにむずかしいところです。

　as famous among crooks as は as … as … の原級比較の形で、あとに来る表現はいろいろ考えられますが、自意識過剰のホームズは、この文全体が [Moriarty is] as famous among crooks as [Holmes is among ordinary people]. のようにつづくと予想し、勝手に早合点して勝手に恥ずかしがっているのです。

　ただし、才気煥発のホームズのことですから、実は勘

ちがいしたふりをしてワトスンをからかっているだけか
もしれません。

② **ワトスンの誘導に引っかかって、自分が褒められて
いると早合点してしまったので、巧みなワトスンを褒め
たたえている（ふりをしている）。**

　touch にはいろいろな意味がありますが、ここでは
「みごとな腕前」のことです。ホームズを褒めていると
見せかけて、実は as he is unknown to the public とつづ
くのだと種明かしをしたワトスンのみごとな手並みを大
げさに讃え、だからこそつづけて You are developing a
certain unexpected vein of pawky humour, Watson, と言
っているわけです。

　ただ、おそらくワトスンはそんな手管を弄したつもり
はなかったはずで、ホームズはだまされたふりをしてワ
トスンをからかっている可能性が高いです。

　なお、この 'A touch! A distinct touch!' はなんとなくフ
ェンシングの試合が想起されるので、「みごとなひと突
き」などと訳してもいいですが、多くの人がここで思い
ついたであろう「一本とられた」は、柔道や剣道の言い
まわしなので、訳すときは避けたほうがいいかもしれま
せん。

③ **モリアーティを犯罪者呼ばわりしたら、法的に見る
と名誉毀損だ**

　calling Moriarty a criminal は「～を～と呼ぶ」の形で、
全体としては「モリアーティを犯罪者と呼びながら、き
みは名誉毀損を口にしている」ということになります。

つまり、「モリアーティを犯罪者と呼ぶのは名誉毀損だ」と言っているわけです。

④ **犯罪者呼ばわりしたら、法的に見ると名誉毀損となるような状況（をモリアーティが作り出していること）**

　この it が指している特定の単語は見あたらず、モリアーティが③のような状況を作っている巧妙さ・狡猾さをホームズが「敵ながらあっぱれ」と絶賛している個所です。

⑤ **数々の国家の命運を作り、ぶち壊してきたであろう頭脳**

「国家の命運を左右しかねない頭脳」と訳しても大筋は正しいのですが、nations の複数形や might have made の完了形（仮定法ではなく、単に過去にそうしてきたであろうと推測している形）にまで気を配ると、訳例のようになるでしょう。イギリス一国ではなく、ヨーロッパじゅうの国々（もっと広い範囲かもしれません）を牛耳ってきたモリアーティを最大限に警戒しての発言です。

《訳例》

「（略）モリアーティ教授について前に話したことがあったね？」

「かの有名な科学者にして犯罪者のことか。悪党たちのあいだできわめて名高いが、対するに——」

「おい、照れくさいぞ、ワトスン」ホームズは謙遜気味に小声で言った。

「悪党たちのあいだできわめて名高いが、対するに世間

206

での知名度はきわめて低い。そう言おうとしたんだ」

「おみごと！　やられたよ！」ホームズは大声で言った。「きみは巧妙なユーモアを思いがけず繰り出す術を身につけてきたな、ワトスン。ぼくも防御しなくてはね。だが、モリアーティを犯罪者呼ばわりしたら、法的に見ると名誉毀損だ——そして、それこそが驚嘆を禁じえない点なんだよ！　稀代の陰謀家にして、あらゆる悪事の首魁で、暗黒街を動かす頭脳、それも数々の国家の命運を作り、ぶち壊してきたであろう頭脳——それがあの男だ！　（略）」

ホームズとワトスンのもとに暗号文が届いたあと、ふたりはそれを解読し、バールストン館のダグラスという人物の身に危険が迫っていることを知ります。その直後、マクドナルド警部が訪ねてきて、まさしくその人物が昨夜殺害されたと告げます。その瞬間のホームズの様子を、語り手のワトスンが説明している場面です。

It was one of those dramatic moments for which my friend existed. It would be an overstatement to say that he was shocked or even excited by the amazing announcement. Without having a tinge of cruelty in his singular composition, he was undoubtedly callous from 5 long overstimulation. Yet, if his emotions were dulled, his intellectual perceptions were exceedingly active. There was no trace then of the horror which I had myself felt at this curt declaration; but his face showed rather the quiet and interested composure of the chemist who sees the 10 crystals falling into position from his oversaturated solution.

4 a tinge of　わずかな〜

5 composition　性格

5 callous　無感覚の

9 curt　簡潔な

10 composure　冷静さ

11 oversaturated　過飽和の

① 2行目 It would be an overstatement to say that he was shocked or even excited by the amazing announcement. を、even に注意して日本語にしてください。

② 5行目 singular にはいろいろな意味がありますが、ここではどんな意味でしょうか。

③ 6行目 long overstimulation は何が原因だと考えられますか。

④ 9行目 this curt declaration とほぼ同じことを言っている表現を本文中から見つけてください。

⑤ 9行目 his face から最後までをわかりやすい日本語にしてください。

《解答・解説》

① **驚くべき知らせを聞いて衝撃を受けた、いや、心を乱されたと言ってすら、誇張となるだろう。**

　いま話題にしていた人物が殺害されたという知らせを聞いたのですから、ふつうなら驚愕するところですが、ホームズはいつものように冷静沈着です。

　shocked or even excited の or は、「または」というより、否定表現のあとの A or B（A でも B でもない）に近い働きをしています（an overstatement は厳密には否定語ではありませんが、「～というのは言いすぎ」というのは否定に近い表現です）。驚くべき知らせを聞いたのに、衝撃を受ける（shocked）どころか、興奮する（excited）ことすらない、ということですが、「衝撃」と「興奮」ではどちらが強いかわかりにくいので、ここでは excited を「心を乱された」と弱めて訳してみました。ちょっとややこしいのですが、事実上の否定表

現のあとですから、even のあとにむしろ弱いことばが
置かれているのです。

② 特異な、独特の

singular は single に似た語ですから、「唯一の」とい
う意味合いがありますが、文脈しだいで、よい意味
（「すばらしい」など）にも悪い意味（「異様な」など）
にもなりえます。ここはどちらの意味合いもあまり強く
なく、珍しい奇特な人物であることが強調されていると
考えるのがよさそうです。

③ 犯罪の捜査に長年かかわってきたこと

場数を踏んで、ふつうなら驚くはずのことでも驚かな
くなったと言っているのでしょう。ホームズは麻薬の常
習者でもあったのですが、ここはその話をしているとは
思えません。

④ the amazing announcement

this curt declaration はマクドナルド警部がもたらした
知らせのことなので、3行目の the amazing announce-
ment とはほぼ同じものを指します。curt は「簡潔な」で
すが、ここは書き手のワトスンの心理に近づけ、やや驚
きをこめて「唐突な」と訳してみました。

⑤ 表情はむしろ穏やかで好奇心に満ち、過飽和溶液の
なかで結晶が沈殿するのを見守る化学者を思わせた

chemist より前の部分は問題ないでしょうが、falling
into position がやや訳しにくいところです。ここは

position に冠詞がついていないので、特定の場所ではなく、漠然と「定着した」という感じであり、結晶の話ですから「沈殿する」「析出する」などがいいでしょう。

《訳例》

　わが友は、まさにこのような劇的な瞬間のために存在していた。驚くべき知らせを聞いて衝撃を受けた、いや、心を乱されたと言ってすら、誇張となるだろう。その特異な性格に冷酷なところは微塵もないが、過度の刺激に長くさらされて物事に動じなくなっているのはまちがいない。ただ、感情が鈍っていても、知性はきわめて活発に反応していた。その唐突な報告を聞いてわたしは恐怖を覚えたのに、いまのホームズにはそんな気配がまったくない。表情はむしろ穏やかで好奇心に満ち、過飽和溶液のなかで結晶が沈殿するのを見守る化学者を思わせた。

　今回のこの著書には、多くの読者が思い描く典型的な
ホームズ像やワトスン像が垣間見える個所を選んだつも
りですが、もちろんそれはふたりのほんの一面です。

　ホームズとワトスンの関係を簡潔に表す代表的な台詞
'Elementary, Watson.' が、実際にはそのとおりの形で
は一度も原著に存在しないということはかなり知られて
います。とはいえ、象徴的な台詞であることはまちがい
なく、さまざまな形で引用されたりパロディが作られた
りしてきました。エラリイ・クイーンの作品にも、たと
えば『Xの悲劇』で、サムがブルーノをからかって
"Elementary, Bruno." （「初歩だよ、ブルーノくん」）
と言う場面があります。

　もうひとつ有名なホームズのことばが「すべてを消去
して残ったものは、どんなに不可能に見えても、まちが
いなく真実だ」というもので、これは似た内容のことを
いくつもの作品で口にしています。わたしが翻訳した
『ロンドン・アイの謎』（シヴォーン・ダウド、東京創
元社）でも、少年探偵テッドがその信念に基づいて消去
法の考えを推し進め、みごとに難事件を解決しました。

　ホームズ作品のガイドブックは、クイーンやクリステ
ィー以上に多く存在しますが、1冊だけあげるなら、
2022年に早川書房から出た『シャーロック・ホームズ
・バイブル──永遠の名探偵をめぐる170年の物語』
を強くお勧めします。シリーズ全作の翻訳を手がけた日
暮雅通さんがあらゆる角度からホームズ作品の隅々まで
を考察した大著で、長年の研究の集大成である論考がた
っぷり詰まっています。

バールストン館に住むダグラス夫妻を近所の人たちが
どう見ていたかが書かれています。

It was remarked sometimes, however, by those who
knew them best, that the confidence between the two did
not appear to be complete, since the wife was either very
reticent about her husband's past life, or else, as seemed
more likely, was imperfectly informed about it. It had also 5
been noted and commented upon by a few observant
people that there were signs sometimes of some nerve-
strain upon the part of Mrs. Douglas, and that she would
display acute uneasiness if her absent husband should
ever be particularly late in his return. On a quiet 10
countryside, where all gossip is welcome, this weakness
of the lady of the Manor House did not pass without
remark, and it bulked larger upon people's memory when
the events arose which gave it a very special significance.

4 reticent 無口な

6 observant 観察眼の鋭い、目ざとい

7 nerve-strain 神経過敏

12 Manor House 領主館

13 bulk 重くのしかかる

① 夫妻が互いに全幅の信頼を置いているわけではない
ように見える理由として、本文に示されているふたつの
可能性をあげてください。

② 4行目の as の品詞はなんでしょうか。

③ 11行目の all gossip is welcome の個所だけ、現在形の動詞が使われているのはなぜでしょうか。

④ 13行目と14行目の it は、それぞれ何を指していますか。

《解答・解説》

① 妻が夫の過去を語りたがらない、そもそも過去をじゅうぶんに知らされていない

　信頼が薄い理由が書かれているのは3行目の since 以降の個所です。妻が夫の過去を語らないから、という点では共通していますが、みずからの意志で語らないのか、そもそも知らないから語れないのか、というちがいがあります。途中に as seemed more likely とあるので、可能性が高いのは後者です。

　なお、ここは注意して訳さないと「A よりも B のほうが可能性が高い」ことが理由であるかのように読めて、焦点がぼやけてしまうので、わたしの訳例では、いったん「ずいぶん口が重く」とまとめたうえで、おまけとして両者の比較を付け加えています。

② （関係）代名詞

　これまで何度か出てきたとおり、この as は関係代名詞で、前文やあとの文の全部または一部を先行詞とします。as is often the case with（〜にはよくあることだが）などの熟語としてもよく見られる形です。

　ここでは、あとの [the wife]was imperfectly informed about it 全体が先行詞になっていて、「〜のほうが可能

性が高いようだ」と言っています。

③ 一般的な真理を語っているから

英語の現在形は、いま現在、この瞬間のことを語るのではなく、永続的・一般的・習慣的なことを語るのがふつうです。過去形を基調として書かれている文章に現在形の文が交じる場合は、そのときの出来事ではなく、いったん時間を止めて一般的な真理などが語られていることがほとんどで、訳語は「〜ものだ」などとするとうまくいくことが多いです。

④ どちらも this weakness of the lady of the Manor House

ちょっと離れているので特定しづらいのですが、「領主館の夫人（のような高貴な立場の人物）に弱点がある」からこそ、人々の記憶に深く刻まれ、一連の出来事が深い意味を与えていると考えれば、つじつまが合います。

最終文の the events arose というのは、夫のダグラスが殺害されてあわただしく事が運んでいることなどを指します。

《訳例》

しかし、夫妻を最もよく知る人たちからは、ふたりのあいだに揺るぎない信頼があるようには見えないという声が何度かあがっていた。妻は夫の過去についてはずいぶん口が重く、話したがらないというより、あまり知らされていなかったようだ。目ざとい幾人かが言うには、

ダグラス夫人にはときに神経過敏な様子が見られ、出か
けた夫の帰りが特に遅いときには、ひどく不安げな様子
を見せたという。田舎ののどかな暮らしでは、どんな噂
話も歓迎されるもので、領主館の夫人のそういった弱点
が見逃されるはずがなく、一連の出来事が起こってそこ
に特別な意味が加わったせいで、ますます人々の記憶に
深く刻まれることになった。

惨殺死体を家のなかに残したまま、ワトスンがひとりで庭を散歩していると、ダグラスの親友バーカーとダグラス夫人が談笑しているのが目に留まります。そのワトスンに気づいたバーカーが話しかけてくる場面です。

'Excuse me, sir,' said he, 'but am I addressing Dr. Watson?'

I bowed with a coldness which showed, I dare say, very plainly the impression which had been produced upon my mind.   5

'We thought that it was probably you, as your friendship with Mr. Sherlock Holmes is so well known. Would you mind coming over and speaking to Mrs. Douglas for one instant?'

I followed him with a dour face. Very clearly I could see 10 in my mind's eye that shattered figure on the floor. Here within a few hours of the tragedy were his wife and his nearest friend laughing together behind a bush in the garden which had been his. I greeted the lady with reserve. I had grieved with her grief in the dining room. 15 Now I met her appealing gaze with an unresponsive eye.

10 dour　きびしい、不機嫌な

11 shatter　粉砕する

15 reserve　保留、自己抑制

① 6行目の it は何を指しているでしょうか。

② 10行目でワトスンの表情はなぜ a dour face なのでしょうか。

③ 11行目の Here within a few hours of the tragedy were his wife and his nearest friend laughing において、語順の倒置が見られるのはなぜでしょうか。

④ 13行目の in the garden which had been his は、単に in his garden という場合とニュアンスがどう異なるでしょうか。

《解答・解説》

① 自分たちが出くわした人物

　この it がはっきりと指していることばは、近くには見あたりません。バーカーとダグラス夫人からすれば、鉢合わせた人物がだれなのかわからなかったものの、ホームズが来ているのだから相棒のワトスンもこの場にいるだろうと推測したというわけです。ふたりでことばを交わしたからこそ We thought と言いきれたので、ここは「話し合った」と訳しましたが、「考えた」としても問題はありません。

② 人が死んだばかりなのに、その男の妻と親友が談笑しているのを知り、不快だったから

　前の9行だけでもじゅうぶん推測はできますが（4行目の the impression の内容もほぼ同じ）、このあとの2文にはっきり理由が書かれています。

③ 「よりによって自分の目の前で」「まだ数時間しか経っていないのに」という気持ちを明確に伝えるため

文の一部分を前に出して強調したい場合、そのあとの語順は疑問文と同じになります。ここでは、場所と時を表す副詞的表現が前に出ています。

④「よりによって彼の庭で」というニュアンスが強まる。

　単に his と言うのではなく、わざわざ関係詞節をあとから付け加えてもったいぶった言い方をすることで、その庭が彼の所有物であることが強く伝わります。③とは逆に、重要なことをあとにまわして強調しています。

《訳例》

「失礼ですが」バーカーは言った。「ワトスン先生でいらっしゃいますか」

　わたしは冷ややかにうなずいた。胸に浮かんだ思いがそのまま表れてしまったと言わざるをえない。

「たぶんそうだろうと話し合ったところです。シャーロック・ホームズさんとのご交友は大変よく知られていますからね。よろしければ、あちらへいらっしゃって、しばらくダグラス夫人とお話しなさいませんか」

　わたしは険しい顔のまま、ついていった。床に横たわる死体のむごたらしいさまが、いまも脳裏に焼きついて消えない。惨劇からまだ数時間後だというのに、被害者のものだった庭の茂みの陰で、当人の妻と無二の親友とが談笑しているなんて。わたしは夫人によそよそしく挨拶をした。食堂では悲しみに暮れる夫人を痛ましく思ったものだが、いまは同情を求めるそのまなざしに、そっけない目で応じた。

コナン・ドイル作品について、単純に「いちばん好きな作品はどれか」という質問を翻訳クラスの人たちにぶつけてみました。

長篇では、最も人気があったのはやはり『緋色の研究』と『バスカヴィル家の犬』で、前者はホームズとワトスンの出会いの場面があまりにも印象的であること、後者はダートムアの荒れ野に魔犬が現れるという舞台設定の恐ろしさをあげる人が多くいました。

『恐怖の谷』については、2部構成をうまく生かしたプロットの妙ゆえに最も好きであるとした人がいた一方で、ホームズとワトスンの出番が少ないことを理由にいまひとつだとする人もいました。

キャラクター重視派は『緋色の研究』と『四つの署名』、雰囲気重視派は『バスカヴィル家の犬』、プロット重視派は『恐怖の谷』を選ぶ——などと言ったら、あまりに簡略化しすぎでしょうか。

短篇では、モリアーティについで有名な脇役と言ってよいアイリーン・アドラーが登場する「ボヘミアの醜聞」、レストレード警部が珍しくホームズを絶賛する「六つのナポレオン像」、暗号を解く楽しみを教えてくれる「踊る人形」などなど、ほとんど重複がなく、ホームズの短篇が粒ぞろいであることをあらためて知らされました。わたしがいちばん好きな短篇は、不気味で非科学的としか思えない謎に鮮やかな論理的解決がつけられる「ブナ屋敷」です。

「恐怖の谷」へやってきた第2部の主人公マクマードの
人柄を説明している個所です。

Within a week he had become infinitely the most
important person at Shafter's. There were ten or a dozen
boarders there; but they were honest foremen or
commonplace clerks from the stores, of a very different
calibre from the young Irishman. Of an evening when 5
they gathered together his joke was always the readiest,
his conversation the brightest, and his song the best. He
was a born boon companion, with a magnetism which
drew good humour from all around him.

And yet he showed again and again, as he had shown in 10
the railway carriage, a capacity for sudden, fierce anger,
which compelled the respect and even the fear of those
who met him. For the law, too, and all who were
connected with it, he exhibited a bitter contempt which
delighted some and alarmed others of his fellow 15
boarders.

3 foreman　現場監督、親方

5 calibre　度量

8 boon　愉快な、陽気な

10 as he had shown in the railway carriage　この町にやってきた列
車のなかで、マクマードが警官たちに喧嘩を売ったことを指して
いる。

① 2行目の Shafter's はどういう意味でしょうか。

② 5行目の the young Irishman はだれのことでしょうか。

③ 5行目 of an evening は、ここではどんな意味でしょうか。

④ 8行目 a magnetism which drew good humour from all around him を日本語にしてください。

⑤ 13行目の For ではじまる1文を、For 以下がどの部分を修飾しているかに注意して、日本語にしてください。

《解答・解説》

① シャフターさんの下宿

　Shafter's だけならいろいろな意味が考えられますが、3行目の boarders から考えて、マクマードも含めて多くが下宿していた家だとわかります。

　なお、3行目の foremen もいろいろな意味が考えられますが、ここは炭鉱のある町なので、季節労働者たちをまとめる現場監督などではないかと考えました。

② マクマード

　英語では、ある人物を名前で呼ぶだけでなく、その属性で言い換えていく傾向があります。Joe Biden のことを特に理由もなく the 46th president と言い換えたりするなど、新聞や雑誌ではおなじみの言い方です。ここもマクマードのことを深い意味もなく言い換えたと考えられますが、さりげなくアイルランド系であることを読者に伝えたり念を押したりしているとも考えられます。

③ 夜（夕方）になるとたいがい

of an evening（あるいは morning）は決まり文句で、夕方（あるいは朝）の習慣的な行動に対して使われます。ofの「の」という意味からは想像しにくいのですが、動詞を修飾する形で副詞的に使われるのがふつうです。

④ 周囲のだれをも上機嫌にさせる魅力

magnetism の語義どおりなら「磁力」で、つぎの drew（引き寄せる）とつながることばです。

わかりにくいのが humour（米語では humor）で、これは日本語の「ユーモア」ではなく、good や bad や ill などのあとについて「気分」「機嫌」などを表します。この場合の類義語は mood です。

⑤ また、法とそれにかかわる者たちを露骨に痛罵するので、下宿人のなかにはそれを喜ぶ者も警戒する者もいた。

最初の For はかなりあとの contempt につながって、「〜に対する軽蔑」と考えると、文意がしっかりとれます。

つぎの all who were connected with it は「それ（＝法）にかかわるすべての者」ですから、警察や法曹の関係者を指しています。

関係代名詞 which の前にカンマがついていないので、先行詞は a bitter contempt ですが、he exhibited a bitter contempt 全体を which がまとめていると見なし、「彼が激しい軽蔑を示したので」のように訳すほうがうまくいきます。

一週間も経たないうちに、マクマードはシャフターの下宿でも図抜けた最重要人物になっていた。下宿人は十人余りいたが、実直な現場監督や平凡な店員ばかりで、このアイルランド人青年とはまったく度量がちがった。夜によく一同が集まると、マクマードがいちばん気のきいた冗談を飛ばし、話術が最も巧みで、歌も最高だった。生まれながらの人気者で、周囲のだれもを上機嫌にさせる魅力の持ち主だった。

その一方で、あの列車のなかで見せたように、いきなり激しい怒りを爆発させることもたびたびあり、会う人々は畏敬の念を、さらには恐怖心さえも否応なくいだいた。また、法とそれにかかわるすべての者を露骨に痛罵するので、下宿人のなかにはそれを喜ぶ者も警戒する者もいた。

6

　ピンカートン社の探偵バーディ・エドワーズがなかなか現れないので、マギンティが苛立って問いかけたのに対し、マクマードが真実を明かす場面です。

'Well!' cried Boss McGinty at last. 'Is he here? Is Birdy Edwards here?'

'Yes,' McMurdo answered slowly. 'Birdy Edwards is here. I am Birdy Edwards!'

There were ten seconds after that brief speech during 5 which the room might have been empty, so profound was the silence. The hissing of a kettle upon the stove rose sharp and strident to the ear. Seven white faces, all turned upward to this man who dominated them, were set motionless with utter terror. Then, with a sudden 10 shivering of glass, a bristle of glistening rifle barrels broke through each window, while the curtains were torn from their hangings.

7 hissing　シューッという音
8 strident　耳障りな
11 bristle　剛毛
11 glisten　輝く

① 1行目の 'Well!' にはいろいろな訳語が考えられます。日本語にしてみてください。

② 6行目の the room might have been empty, so profound was the silence を日本語にしてください。

③ 7行目の the stove は、ここではどういう意味でしょうか。

④ 9行目の this man who dominated them はだれのことでしょうか。

⑤ 11行目の shivering は、ここではどういう意味でしょうか。

⑥ 11行目の a bristle of glistening rifle barrels broke through each window はどんな光景を表しているでしょうか。

《解答・解説》

① 「おい！」「どうなんだ！」など

　'Well!' はさまざまな文脈で使われますが、ここはためらっているのではなく、待ちきれずに苛立っているのですから、それを感じさせる訳語がいいでしょう。

② 部屋が空っぽになったような深い沈黙がひろがった

　前半と so 以下の後半のつながり方がわかりにくいのですが、これはいわゆる so ... that ... の形の変形と考えるとわかりやすいと思います。ふつうなら the silence was so profound that the room might have been empty という語順にするところが、「部屋が空っぽになったかのようだ」という情報を先に伝えて、より印象に残る描写にしていると考えられます。

③ ストーブ

stove が「ストーブ」で何が問題なのかと思われるかもしれませんが、この stove という語はレンジやコンロを指して使われることもよくあります。

この場面は stove に kettle（やかん）が載っているので、コンロなどを思い描いてもおかしくないところですが、この個所の少し前に、明らかにストーブのことだとわかる描写があるので、ストーブで問題ありません。

stove を見たときに、レンジやコンロである可能性もある、ということは忘れないでください。

④ **マクマード**

前問**5**の②と同じようにマクマードを別の語で言い換えたわけですが、この場面ではマクマードが一同を罠にはめて支配したことがはっきりしたので、このように一歩引いた客観的なことばで評するのはとても効果的です。

⑤ **粉々に砕ける**

shiver のふつうの意味は「震える」で、それでも意味が通じないわけではありませんが、やや古い言い方で「破片」や「粉々になる」という意味もあり、ここはその意味にとったほうが文脈から考えて自然です。

⑥ **いくつものライフルの銃身が一列に並んでいる様子**

bristle は「剛毛」という意味なので、ここはどんな光景なのかわかりにくいところですが、a bristle of で「長いひと塊の」という意味で使われることがあります。ネットで見つけた用例で a bristle of gawky arms and legs struggling to form a straight line（何本もの不恰好な腕

や脚が一列をなそうとしている）というものがありました。つまり、全体として剛毛のように太く長い線に見える状態を指しているのであり、本文でも、窓から差しこんだ何本ものライフルがそのような塊となっているさまをそう呼んでいます。

《訳例》

「おい！」マギンティがついに大声をあげた。「ここにいるのか？　バーディ・エドワーズはいるのか？」

「いる」マクマードはゆっくりと答えた。「バーディ・エドワーズはここにいる。おれがバーディ・エドワーズだ」

　そのことばが放たれたあと、十秒にわたって、部屋が空っぽになったような深い沈黙がひろがった。ストーブの上に置かれたやかんの蒸気の音だけが鋭く耳に響く。七つの蒼白な顔が、恐怖で凍りついたまま、自分たちを支配する男を仰ぎ見ている。そのとき突然、ガラスの砕け散る音が響いて、部屋じゅうの窓からライフルの光る銃身がいっせいに差しこまれ、カーテンがすべてむしりとられた。

『恐怖の谷』の映像化作品はほとんどなく、シャーロック・ホームズの最も忠実な映像化とされるジェレミー・ブレット主演のグラナダTV版でもこれは作られていません（1995年にブレットが死去したため）。1935年の映画〈シャーロック・ホームズの勝利〉は原作『恐怖の谷』にかなり忠実に作られた作品です（DVDは入手可）。

『恐怖の谷』では、第2部でマクマードらが所属している自由民団（Eminent Order of Freemen）という組織がなんとも興味をそそります。これは架空の組織ですが、おそらくフリーメイソンをヒントにしたもので、儀式のシーンなどはフリーメイソンの儀式を髣髴させます。

　最後に、翻訳の話を少々。わたしは中学生のころ、この作品の新潮文庫版（延原謙訳）を読みました。**6**の個所を読んだときに文字どおりびっくり仰天したことを、いまもよく覚えています。マクマードとエドワーズが同一人物だと明らかになる部分の台詞は、今回のわたしの訳例とほぼ同じで（正確には「おれこそバーディ・エドワーズだ」）、ずっとそれを記憶に刻まれていたのですが、今回、原文をはじめて見たところ、I am Birdy Edwards! と感嘆符がついていたので、またしても驚きました。わたしがこの個所の日本語を鮮明に覚えていたのは、衝撃的な告白を淡々と語っていて、その抑制のきいた語りゆえによけいに強烈な印象を受けたからです。もし先に英語版を読んでいたら、これほどこの作品を好きにならなかったかもしれません。

★★ここまでネタバレ★★

　　シャーロック・ホームズ作品の
　　　　　多彩な魅力を読み解く

駒月雅子

　19世紀後半のイギリスでは、工業化の成熟や金融投資の拡大によって新興中産階級が台頭する。それにともない、専門技術および知識を持つ人々の知的欲求に応え、家族全員で読める娯楽雑誌が続々とお目見えした。1891年、そのうちのひとつである創刊したての《ストランド誌》で、『ボヘミアの醜聞』を皮切りにホームズ物語の短篇連載がスタートする。

　この企画の背景には、すでに他誌でシャーロック・ホームズ初登場の長篇第一作『緋色の研究』（1887）と続く長篇第二作『四つの署名』（1890）を発表していた作者アーサー・コナン・ドイルが、〝同一の主人公で一回読み切り〟を望んだという事情がある。先々のことを考え、読者離れを防ぐにはその形式が適当だと判断したわけだが、結果的にそれが図に当たって巷に旋風を巻き起こした。もとより主人公の魅力で牽引するシリーズなのだ。

　よって、現代の読者にも当時と同じ胸躍る興奮を味わってもらうには、まず主人公の人となりを深く理解し、彼の活躍する姿を生き生きと描きだせるよう工夫を凝らす必要があるだろう。そのうえで鍵となるホームズの個性について、原文と拙訳をまじえながら要点をいくつか挙げてみる。

＊性格

　唯一無二の諮問探偵ホームズは抜きんでた知恵と洞察

力をそなえ、相棒のワトスンには機械のような男に感じられる時もあるが、心の奥は友への熱い思いに満ちている。疲れてソファに横たわるワトスンのかたわらで、子守歌代わりに愛器ストラディヴァリウスの音色を聴かせるシーン（『四つの署名』）や、撃たれたワトスンを無我夢中で抱きかかえるシーン（『三人のガリデブ』）などを見れば、それは一目瞭然である。

　ホームズ物語は児童書で読んだきりという方々もおられるだろうから、大人になるとさらにこんなエモーショナルな味わいも堪能できるという一例として、前述の『三人のガリデブ』のシーンを少し掘り下げたい。「怪我はないね、ワトスン？　頼むから、怪我はないと言ってくれ！」と悲痛な声をあげるホームズに、ワトスンは心のなかでこう答える。

It was worth a wound — it was worth many wounds — to know the depth of loyalty and love which lay behind that cold mask. The clear, hard eyes were dimmed for a moment, and the firm lips were shaking. For the one and only time I caught a glimpse of a great heart as well as of a great brain. All my years of humble but single-minded service culminated in that moment of revelation.

　これなら怪我のしがいがあるというものだ——ああ、何度だって怪我をしようじゃないか——ホームズの冷ややかな仮面の奥に隠れた、こんなにも深い優しさと愛に触れられるのだから。澄んだ険しい瞳が一瞬潤み、ぎゅっと結ばれた唇がふるふると震えた。このとき私は、後にも先にもたった一度だけ、偉大な頭脳の持ち主に宿っ

ている空よりも広い崇高な心を目の当たりにしたのだった。つたなくもひたむきに友を支えてきた長い月日が、この尊い一瞬に最高の輝きを放ったのである。

　数々の冒険をともにし、幾多の危難を乗り越えてきた二人の、まさに友情の結晶ともいうべき名場面なので、機会があればぜひご自身の訳に挑戦していただきたい。ホームズ物語の世界に一気に入りこみ、全篇において彼らの会話の雰囲気をつかみやすくなること請け合いだ。

＊思考
　鋭敏な観察眼によって得たデータ、すなわち手がかりが示す情報をもとに仮説を組み立て、推論を展開していくのがホームズ流の探偵術。〝ありえないものをすべて取り除いたら、残ったものがどんなにありそうにないことでも真実だ〟との持論を軸とする。これは微妙に表現を変えて複数の作品に出てくるので、うち二つを以下に示そう。

"We must fall back upon the old axiom that when all other contingencies fail, whatever remains, however improbable, must be the truth."
「基本的な信条に立ち返ろうじゃないか。ほかのすべてがありえないならば、残ったものが、どんなにありそうにないことでも真実なんだよ」（『ブルース・パーティントン設計書』）

"That process," said I, "starts upon the supposition that

when you have eliminated all which is impossible, then whatever remains, however improbable, must be the truth."

「不可能なものをすべて消去すれば、どんなにありそうもないことでも残ったものが真実である、という前提で出発します」（『白面の兵士』）

＊文学および聖書との結びつき

　ホームズは文学作品や聖書などからの引用、またはそれを念頭に置いた言い回しを使うことが少なくない。

　たとえば、"The game is afoot.（獲物が飛びだした）"は『アビイ屋敷』と『ウィステリア荘』に出てくるホームズの有名な言葉のひとつだが、出典はシェイクスピアの「ヘンリー五世」（第3幕第1場）もしくは「ヘンリー四世」（第1部第1幕第3場）である。ちなみに、ここでの"game"は狩猟で捕獲する野鳥や野兎などの鳥獣類を指す。『四つの署名』でホームズはワトスンとジョーンズ警部に牡蠣と雷鳥ひとつがいを材料に手料理をふるまうが、この雷鳥も"game"にあたる。

　同じくシェイクスピアの「十二夜」（第2幕第3場）には"Journeys end in lovers meeting."という一節があり、これを踏まえた表現、"Journeys end in（または with）lovers' meetings.（旅の終わりは恋する者同士のめぐりあい）"が、『空き家の冒険』と『赤い輪』の二作品で用いられている。

　シェイクスピア以外にはゲーテ（『四つの署名』）やペトラルカ（『ボスコム渓谷の惨劇』）、フローベール（『赤毛連盟』）、サンド（『赤毛連盟』）といった文学者の名も

登場する。

　聖書からの引用も多い。出典に気づきにくいものがまじっているので、そのうちのひとつを例に挙げたい。『最後の挨拶』でホームズは、〝東の風が吹いてきたね、ワトスン〟と感慨深げに言う。この印象的な台詞は、ストーリーの流れや第一次世界大戦開戦前夜という時代背景に鑑みれば、「ヨブ記」ほか旧約聖書の複数巻において〝生命を枯らす苦難の風〟、転じて〝神の裁きの風〟を意味する〈東風〉を意識したものと解釈できよう。

　ここまで、主人公の特徴のほんの一端をご紹介してきた。どの作品をとっても、ホームズとワトスンのかけあいはもちろん、黎明期の科学捜査や後期ヴィクトリア朝を中心とする社会事情、斬新なトリック、そして謎解きの妙など見どころ満載である。楽しく空想しながら、楽しく読み解いていただけることを心より願う。

あとがき

　早川書房が新書をはじめるということで、執筆の依頼が来たのは、1年ほど前でした。内容はおまかせとのことだったので、最初はこれまでに20作訳したエラリイ・クイーンの翻訳秘話はどうかと提案し、なかなかよさそうだとのことになりました。その後、編集部との何度かの話し合いをした結果、せっかくだから読者のみなさんが原文と向き合える形にし、紹介する作家も少し増やしたほうがよいということになり、この形に決まりました。似た形式の英文読解指南書としては、これまでに『越前敏弥の英文解釈講義『クリスマス・キャロル』を精読して上級をめざす』（NHK出版）と『シートン動物記で学ぶ英文法』（アスク出版、倉林秀男さんとの共著）を出しましたが、わたしの本業であるミステリを扱った本ははじめてだったので、大変うれしく思いました。

　文学作品は、翻訳するにあたって、最適の日本語表現を考えながら原文を隅々まで深く読みこむ必要があるので、英文読解力を鍛える題材として適しています。ミステリの場合は、それに加えて叙述の仕掛けや読者へのミスリードなども注意深く読みとらなくてはならないことも多いため、最適のテキストとなりえます。

　ただ、微妙な部分の読みとりや訳出上の処理について説明するには、ネタバレ部分への言及が避けられません。この本では、作品未読の人たちに名作を手にとってもらいたいという願いと、ミステリ作品を読み解く真髄にまで言及したいという願いの両方を実現するために、ネタバレのゾーンをはっきりと設けて、ひと目でそれがわか

るようにしました。このような特殊な構成の本を作るにあたって、さまざまな配慮をしてくださった早川書房や関係者のみなさまに感謝しています。

クイーンに関しては、これまでの訳出作業で気づいてきたことをまとめればよかったのですが、ほかの2作家については未知のことも多く、内容を充実させるために、名古屋の栄中日文化センターで長年クリスティーについての講座を担当なさってきた大矢博子さんと、角川文庫でドイル作品のほとんどを翻訳なさった駒月雅子さんにコラム執筆をお願いしました。また、クイーンについては、これまでの長年の翻訳作業の過程で、飯城勇三さんが数えきれないほどの助言をくださいました。この場を借りて、お三方にお礼を申しあげます。

この本の解説部分は、オンライン勉強会や朝日カルチャーセンターの翻訳講座で半年にわたっておこなった授業の内容が土台になっています。また、その期間に全国の翻訳ミステリー読書会に参加して、多くの読者のみなさんのご意見やご感想を聞けたことも、さまざまな個所に反映させています。どうもありがとうございました。

この本が読者の方々の英文読解力向上につながり、そのうえ海外ミステリを手にとって読んでみようと感じる人が増えることが、著者としていちばんの喜びです。

2023年5月
越前敏弥

ハヤカワ新書 001

名作ミステリで学ぶ英文読解

二〇二三年六月二十日 初版印刷
二〇二三年六月二十五日 初版発行

著者 越前敏弥

発行者 早川浩

印刷所 中央精版印刷株式会社

製本所 中央精版印刷株式会社

発行所 株式会社早川書房
東京都千代田区神田多町二ノ二
電話 〇三・三二五二・三一一一
振替 〇〇一六〇・三・四七七九九
https://www.hayakawa-online.co.jp

著者略歴
1961年生まれ。文芸翻訳者。留学予備校講師などを経て、30代後半にミステリなどの翻訳の仕事をはじめる。訳書にクイーン『災厄の町〔新訳版〕』、ハミルトン『解錠師』、ロボサム『天使と嘘』（以上、早川書房）、クイーン『Yの悲劇』、ブラウン『ダ・ヴィンチ・コード』、ダウド『ロンドン・アイの謎』、キャントン『世界文学大図鑑』など多数。著書に『文芸翻訳教室』『翻訳百景』『越前敏弥の日本人なら必ず誤訳する英文〔決定版〕』など。

ISBN978-4-15-340001-6 C0282
©2023 Toshiya Echizen
Printed and bound in Japan

「ハヤカワ新書」創刊のことば

誰しも、多かれ少なかれ好奇心と疑心を持っている。

そして、その先に在る納得が行く答えを見つけようとするのも人間の常である。それには書物を繙いて確かめるのが堅実といえよう。インターネットが普及して久しいが、紙に印字された言葉の持つ深遠さは私たちの頭脳を活性して、かつ気持ちに余裕を持たせてくれる。

「ハヤカワ新書」は、切れ味鋭い執筆者が政治、経済、教育、医学、芸術、歴史をはじめとする各分野の森羅万象を的確に捉え、生きた知識をより豊かにする読み物である。

早川 浩

古生物出現！空想トラベルガイド

ナウマンゾウと散歩、
潜水艇でアンモナイト見物！

もしもマンモスや恐竜が現代の日本の街を闊歩し、翼竜が空を飛んでいたら？ 架空の旅のガイドブックを通して、全国から化石の発見が相次ぐ古生物天国・ニッポンの魅力を味わい尽くす。あなたもさっそく本書を手に取って、古生物と触れ合う旅に出てみよう！

土屋 健

ハヤカワ新書
002

馴染み知らずの物語

滝沢カレン

お馴染みのあの名作が
「馴染み知らず」の物語に変身

ある朝、目が覚めたら自分がベッドになっていた——⁉
カフカの『変身』やカズオ・イシグロの『わたしを離さないで』など、古今東西の名作のタイトルをヒントに滝沢カレンさんが新しい物語をつむぎます。オリジナルを知っている人も知らない人も楽しめる一冊

ハヤカワ新書
003